어부의 밥상에는 게미가 있다

어부의 밥상에는 게미가 있다

최승용 · 한다정

3people

차례

7 붙이는 말 요리사 조희숙
11 들어가는 말

17 **박윤자**
지 아무리 맛있는 걸 해와도 간이 안 맞으면 맛이 없어

39 **김순덕**
지철 음식을 하면 뭐든지 해도 맛있어

63 **윤복아**
조개는 뭐이라도 해놓으면은 맛있어

91 **조순임**
팔은 고기보다 죽은 고기가 더 많을 겁니다

115 **주현주**
그날 잡은 것 중에 제일 좋은 것은 무조건 애들 먹였어요

137 **전대영·신영숙**
고기가 들어오는 대로 먹어야 하고 안 들어오면 먹지 말아야 하고

159 **정경희**
할머니가 이 바다를 좋아하게 만들었어요

183 **허영숙**
맨도롱 또똣할 때 혼적 들이쌉써

207 나가는 말

붙이는 말

책의 제목을 본 순간 살짝 전율이 느껴졌다. '게미'말고는 어떤 단어도 적절하지 않을 남해 밥상을 떠올리며 만감이 교차되었기 때문이다.

40년 가까이 전문요리사의 길을 걸었다고 하기가 부끄러워지는 '날 바다 것'들의 이름과 손질하는 방법, 제대로 맛을 내는 조리 방법들이 정제되지 않은 '날 언어'로 전개되는 원고를 읽는 내내 20년 전 첫발을 디디고 짧지만 치열하게 살았던 남해의 기억으로 소환되었다.

바다에서 막 건져 올리거나 갈무리되어 말려진 재료들을 다섯 가지를 넘지 않는 양념들로 게미를 드러낼 수 있도록 조리하는 것이 아홉 분의 공통적인 조리 방법이었다. 직접 담근 간장과 된장은 말할 것도 없고 어느 음식에도 빠지지 않는 마늘과 땡초! 말이 필요 없을 만큼 싱싱한 남해의 해산물일수록 양념으로 가리지 말아야 함에도 마늘 듬뿍 들어가는 것은 남해를 아는 사람만이 고개를 끄덕일 수 있다.

떠들썩했던 밀레니엄 시대 개막의 열기가 수그러들 즈음, 2000년도 한겨울 새벽에 진주에서 내려 다시 시외버스를 타고 남해로 들어서는 버스에서 내다본 낯선 풍경 중에 잊혀지지 않는 장면은 섬 전체 밭마다 언 땅 위로 파랗게 솟아있는 뾰족뾰족한 풀들이었다. 이 겨울에 저리도 파랗게 솟아 나온 풀의 생명력에 놀라웠던 기억이 생생하다. 마늘이었다. 청정 바다에서 건진 풍성한 바다 것들에 남해만의 게미를 북돋우었던 마늘의 힘으로 그 거친 바다를 이겨왔을 것이라는 생각을 해 본다.

원고를 읽는 내내 그 어떤 요리책보다 흥미로웠고 부자가 된 기분이었다. 기록한 음식들을 고급 레스토랑에도 적용해 보고 싶었기 때문이다. 또한 바다와 함께 어렵게 살아오신 삶의 시간들과 사라질 수 있는 음식들이 기록으로 남겨진 것이 너무나 다행스럽게 느껴졌다.

다만, 아무리 강조해도 지나치지 않은 제철 해산물이 혼동될 만큼 바다의 계절이 달라지고 있고 치일 정도로 넘치던 바다 자원의 고갈을 한 목소리로 이야기하고 있었다. 우리가 그렇게 만들었으니 남은 것이라도 잘 지켜야 할 텐데 안타깝기 그지없다.

한식의 세계화를 외치며 밖으로만 향했던 눈을 돌려 묻혀있거나 드러나지 않는 우리의 향토 음식들을 사라지기전에 속속들이 찾아내 기록하는 것이 시급한 일이라는 생각이 들고 이 책은 외부에서 접근하기 어려운 속살을 찾아낸 소중한 자료가 될 것이라 믿는다.

아무쪼록 바다와 함께 동고동락하신 아홉 분의 남은 시간들은 건강하고 평안하시길 바랍니다.

요리사, 한식공간 대표 **조희숙**

들어가는 말

이 책은 남해 어부들의 집밥에 관한 인터뷰집입니다.

"남해는 재료는 싱싱하고 좋은데 음식은 단순하고 맛이 없어"라는 여행객들의 말을 듣고 '옆집 어머님이 해주신 음식은 맛있는데' 라는 의문을 가졌습니다. 식당에서 사먹는 음식은 어떨지 몰라도 남해 가정집에서 먹는 음식들은 싱싱한 재료로 다양하게 요리해 먹습니다. 남해섬은 반농반어半農半漁 지역으로 식재료가 풍부하고 싱싱하다는 것은 모두 인정합니다. 그렇다면 그 식재료에 대해 가장 잘 아는 사람은 누구일까요? 어부, 농부와 같은 '생산자'일 것입니다. 남해는 섬이다 보니 '바다의 생산자'인 어부부터 시작해보기로 하였습니다. 어부들은 자신이 직접 어획한 수산물을 집으로 가져가 어떤 음식을 해먹을까? 그 재료를 받아든 어부의 부인들은 어떤 음식을 해서 밥상에 올릴까? 어부들이 밥상에 올리는 음식을 통해 남해의 집밥, 향토음식을 알아보고자 합니다.

남해는 물살이 센 좁은 해협에 미끼도 없이 스스로 들어온 물고기만 잡는 원시어업방식인 죽방렴이 있습니다. 제주에서 건너와 정착하여 자리 잡은 '해녀'들도 있습니다. 육지와 인접한 남해의 북서쪽 설천지역에는 갯벌어업이 활발합니다. 깊은 바다가 있는 남해의 남동쪽 미조에서는 가두리 양식을 합니다. 남해섬

곳곳에는 크고 작은 배들로 어획하는 '어선어부'도 있습니다.
이처럼 남해는 어업방식별로 건져 올리는 어종도 다양합니다.

어획방식별로 거둬들이는 해산물의 종류가 다르기에 ①해녀 ②죽방렴 어부 ③양식 어부 ④어선 어부 ⑤갯벌 어부 각 분야별로 나눠 진행했습니다. 이들에게 계절별로 어획하는 해산물의 종류, 그것을 재료로 집에서 해먹는 음식, 지금은 잊혀져 가지만 과거에는 있었던 음식을 물어봤습니다.

남해 미조에서 음식 깨끗이 하기로 소문난 박윤자님은 어선어부로 문어 호박국, 고구마순 멸치 쌈, 굴김치, 털게 미역채, 탕국 비빔밥과 볼락구이, 물메기찜, 참돔 미역국, 굴 꼬치구이에 대해 들려주었습니다. 인터뷰 한 날도 꽃게, 멸치, 병어를 가지고 와서 손질하는 모습을 보여주었습니다.

사람 좋아하는 어촌마을 이장의 부인으로 살아온 김순덕님은 고구마 빼떼기죽, 멸치 나물찜, 갈치 호박국과 조림, 장어구이와 장어탕, 물메기국·찜·전, 보리새우전 이야기를 풀어냈습니다.

갯벌어부 윤복아님은 다양한 어패류 조리법을 들려주었는데, 청각 바지락 볶음과 청각채국, 바지락 칼국수, 우럭조개전골, 쏙 볶음, 굴 떡국과 쌀밥이 귀하던 시절 할머니가 해주던 보리 누룽지를 기억해 들려주었습니다.

미조의 양식어부 조순임님은 코고동 숙회, 보리새우전, 숙성 물메기회, 생선 미역국과 남해로 시집오기 전 어머니가 해주던 붕어찜을 추억했습니다.

산에서 내려오는 민물과 바닷물이 만나 예로부터 다양하고 맛좋은 고기가 나기로 유명한 앵강만의 해녀 주현주님은 전복과 뿔소라 꼬치구이, 해삼물회, 성게미역국, 마늘쫑 멸치조림, 거지탕. 어릴 적 제주 해녀 어머님이 해주던 톳 무침을 이야기했습니다.

죽방렴 어부인 전대영·신영숙 부부는 원시어업방식인 죽방렴의 원리와 주 어종인 죽방멸치의 특별함 그리고 계절별로 활용법이 다른 멸치 이야기를 들려주었습니다. 멸치 뿐만 아니라 죽방렴에는 여러 어종이 들어오는데 농어새끼 가지메기나 전어, 갈치 요리법을 알려주었습니다.

도시에 살다 갯벌이 있는 고향마을로 돌아온 정경희님은 바지락 손칼국수, 맛조개 고추장구이, 바지락 동그랑땡, 쏙 간장볶음, 파래무침 요리법과 갯벌에 관한 모든 것을 할머니가 가르쳐 주었다며 할머니의 찔레꽃 개떡을 그리워했습니다.

20살 때 제주에서 남해 미조로 건너 온 해녀 허영숙님은 제주에서 먹던 음식을 남해에 맞게 적용하여 후배 해녀들에게 전수해 주었습니다. 전복죽, 해삼물회, 멍게조림, 문어숙회, 톳 무침 조리법을 들려주었습니다. 어린 시절 어머니가 해주던 제주 똥돼지 메밀국시 이야기를 하며 "맨도롱 또똣할 때 혼적 들이쌉써"라는 제주 사투리로 고향에 대한 그리움을 드러냈습니다.

여기에 등장하는 남해 어부의 언어는 최대한 가공하지 않고 그대로 실었습니다. 토속적이고 향토적인 소재를 이곳의 언어로 그대로 살리는 것이 그 말 속에 쌓인 의미를 드러낼 수 있다고 봤습니다. 단어의 설명이 필요한 부분은 옆에 설명을 달았습니다. 이 책은 남해 어부들이 직접 어획한 수산물을 집으로 가져가 해 먹는 음식을 통해 남해의 집밥, 향토음식을 알아보고자 시작했습니다. 남해 바다 곁에서 평생을 살아온 어부들 먹고사는 이야기로 들어가 봅시다.

들어가는 말

박윤자 지 아무리 맛있는 걸 해와도
간이 안 맞으면 맛이 없어

박윤자 (1955년생)

2020년 7월 17일 오후 3시, 남해군 미조면 팔랑마을

"이 마을에서 음식을 가장 잘 하는 사람이 누구입니까?" 미조 남해에 수산물을 공급하는 남해의 어업전진기지, 미조항에서 어부의 부인으로 평생을 살아온 박윤자 어머님은 미조마을에서 음식 깨끗이 하기로 소문난 사람이다. 미조 사람들은 해산물에 대한 입맛 기준이 높기로 유명한데 그곳에서도 알아준다. 박윤자 어머님 요리의 뿌리는 할머니다. 할머니는 부잣집에 혼사나 회갑이 있으면 초청받아 갔고 그곳에서 잔치 음식을 만들었다. 박윤자 어머님은 할머니가 만들던 음식을 등 너머로 보고 기억해 밥상을 차린다. 문어 호박국, 고구마순 멸치 쌈, 굴김치, 털게 미역채, 볼락구이, 탕국 비빔밥, 물메기찜, 참돔 미역국, 굴꼬치구이와 같이 수많은 음식들이 그녀의 입에서 넘쳐 나왔다.

이 마을에서 음식으로 제일 유명하다 하시던데요?

몰라 아이고 그 안 그래. 별 뭐 재료는 다 비슷해. 뭐 내가 뭐 신경을 써서 해서 그런가? 반찬을 해서 내놓으면은 뭐 맛이 있다고 그리하긴 해. 그리하는데 특이한 음식은 없어. 장 고마 그냥 우리가 집에서 먹는 그대로지.

근데 우리는 꼭 된장을 담아 먹지. 집에서 담은 조선간장 그게 없으면 마트 같은데 국간장 그걸 내가 사용해보니까 단맛이 나더라고. 그러니께 생선국은 먹고 나면 좀 칼칼한 이런 맛이 있어야 되는데 그 간장을 넣으니까 뒷맛이 좀 덜큰한 맛이 나더라고. 조선장을 넣으면은 깔끔한 맛이 나지. 뒷맛이 비린 맛이 없고.

간이 맞아야 돼. 간 안 맞으면은
지 아무리 맛있는 걸 해와도 맛이 없어.
간이 맞아야 게미*가 있지
우리 남해 말로 게미가 있지.

*게미: '음식 속에 녹아 있는 독특한 맛, 씹을 수록 고소한 맛' 의미를 가진 전라도 방언인데 남해 사람들도 즐겨 쓴다. 진한 감칠맛이 있어 음식이 특별히 맛있을 때 쓰는 표현이다.

털게가 굉장히 고가이더라고요.

‖ 털게 미역채 ‖

이거는 이 바닷마을에 살아도 죽을 때까지
한 번도 못 묵고 죽는 그런 음식이라.

귀하지. 털게는 쪄먹고 인자 된장. 된장국 끓이 묵고 그러는 기제. 장 우리 꽃게 된장 해묵는 그런 식으로. 다른 거는 인자 좀 큰 거. 옛날에는 우리 어렸을 때는 보면 큰 거 이런 거는 인자 봄에 돌미역 처음에 딱 나오면은 살을 발라 가지고서 미역채라는 것을 해 먹었어. 우리 어렸을 적에는 게딱지가 옛날에 할아버지들 놋그릇 그 뚜껑만 했는데 요새는 그런 걸 찾아 볼래도 없어. 그거는 참 해 먹기가 힘들어. 그거는 보통 이래 뭐 진짜 뭐 이 마을에 살아도 죽을 때까지 한 번도 못 묵고 죽는 그런 음식이라. 생미역을 인자 빨아가지고서 게살을 일일이 다 발라내가지고서 그걸로 채라는 것을 하는 기라. 오이 냉채처럼 그래가지고서 하는 건데 진짜 그런 거는 여기서 커도 안 먹어본 사람들 있을 거야.

털게

남해 돌문어가 유명하잖아요.

‖ 문어 호박국 ‖

이거는 국도 아니고 찌개도 아니고
애매한 그런 거라. 그래가 묵어야 돼.

문어는 소금이랑 밀가루에다가 매이 빨아야 돼^{빡빡 씻어야 해}. 그걸 빨면은 점액질이라 하나? 그게 엄청 나와요. 그걸 빨아가 보면은 불순물이 엄청 나오거든. 문어를 빨아가 만져보면 문어가 까실까실해. 그리 돼야 음식을 해놔도 비리한 냄새도 안 나고 깔끔해. 미끌미끌한 상태로 음식을 해놓으면 깔끔한 맛이 없어.

문어는 주로 어떤 식으로 해서 먹나요?

생문어를 먹기 좋게 옆으로 삐딱삐딱하게 썰어서 장만해가지고^{손질해가지고} 호박하고 문어하고 인자 냄비에 담아 갖고 달달 볶는 거야. 살짝살짝 볶아. 거기에다가 조선장을 좀 붓고 어느 정도 볶으면은 좀 익거든. 그때 인자 다시 쌀뜨물 그런 거 자작하게 부어. 이거는 국도 아니고 찌개도 아니고 애매한 그런 거라. 그래가 묵어야 돼. 너무 매이 익어 삐면은 호박이 풀대죽이 되가지고서 다 으깨져. 우리는 그 옛날에 조선호박 있잖아. 요새 밭에 우리 할머니들이 쓰는 그런 호박이 맛있어. 반쪽 내가지고서 우리 경상도 사람들은 뭔 모양 없이 써는 거를 "삐진다" 하거든? 조선호박도 익기 직전 그런 걸로 해묵으면은 달콤하니 맛있어요. 이제 뒤에 간을 맞추려면 소금을 넣어야 돼요. 간장을 많이 부으면 색깔이 안 좋아. 짜작짜작하게. 먹을 때 양념은 인자 고추나 마늘도 넣고 고추도 넣고 쪽파 같은 것도 좀 양념을 살짝 얹어야지.

그러니께 계절따라 바다가
제일 계절을 알드라고.

문어숙회

문어요리는 숙회가 제일 익숙한데
문어를 삶는 방법이 다양하더라고요?

‖ 문어 숙회 ‖

우리는 찌지. 쪄야만이 접시에 썰이 놔도 물이 안 생겨.
음식에 물이 찔찔찔 나면 가치가 없어. 고 쪄갖고 식하^{식혜}갖고
딱 썰이면은 문어 자체서 인자 수분이 다 밑으로 내려가 빠지
삐는데 물에 넣어가지고 삶으면 한참 있어야 되는 거야.
또 문어는 냉동에 얼라 갖고 먹어야 제일 맛있어. 생거 자체를
얼라. 근데 삶아서 얼라면 그걸 녹여서 썰면은 또 수분이
생기기 때문에 생거를 그대로 넣어놨다가 찌면 돼.

　만약에 내가 오늘 오후나 쓸 거다 하면은 오늘 아침 들어서
냉동실에서 꺼내 놓으면은 그대로 찜기에 딱 찌면 되는기라.
냉동에 얼려놨다가 찌면은 문어살이 엄청 연해. 안 질기고
엄청 연해. 김이 나서 한 25분이나 30분 이리 찌면 돼.
문어는 작아도 맛없고 너무 커도 질기고 맛없고. 한 1kg이나
이리되는 걸 하면 제일 좋아. 쪄야 돼.

아버님이 잡아오는 것 중에
어머님은 어떤 고기를 좋아하세요?

‖ 물 비빔밥에 뽈락구이 ‖

봄 뽈락. 숯불이나 뭐
이런 거 해가지고 한참 인자 맛이 올랐을 때
구우면은 이 등이 딱 벌어진다고.

그거 뽈락. 뽈락은 회도 해 먹고, 구이도 해 먹고, 매운탕도 해 먹고, 말리가 쪄가지고 먹을 수도 있고, 다양하게 해먹을 수 있지. 뽈락이 우리 경상남도 도어道魚라. 봄에 숯불이나 뭐 이런 거 해가지고 구우면 한참 인자 맛이 올랐을 때라 등이 딱 벌어진다고. 지느러미 양쪽으로 등이 딱 벌어진다고. 그때가 제일 절정기라.

그거 인자 우리 남해인은 제사 때 탕을 끓이갖고 비빔밥에 국물을 부어가지고서 해 먹거든요. 그걸 보고 저쪽 전라도 사람들 처음 보는 사람들은 개밥이라고 해. 근데 그걸 한번 먹어보면 땡기는 거야. 한번 먹었다 하면은 마른 비빔에 고추장 넣어 안 먹고 그걸 먹는 거라. 그게 중독성이 있어. 인자 그 비빔밥에 뽈락이가 있어야 돼. 마른 뽈락이.

그걸 어떻게 하냐면은 간을 해가지고 바짝 말려 가지고 좀 추진젖은 거를 좋아하는 사람은 반건조. 우리들 같은 경우엔 바짝 말린 거. 시멘트 바닥에 던지면 딸그락 소리가 날 정도로.

그거를 딱 장만해놨다가 실고추나 이런 걸 좀 넣고 푹 쪄. 그걸 비빔밥이랑 먹으면 진짜 기똥차지. 뽈락이는 진짜 이것도 맛있고 저것도 맛있고 다 맛있어.

뽈락은 크기는 작은데 뼈가 억세던데요?

원래 생선이 뼈가 센 고기가 맛있어.

그러니까 맛있지. 원래 생선이 뼈가 센 고기가 맛있어 원래. 도미 같은 것도 뼈가 억세거든 도미 같은 것도 우럭 같은 이런 것도. 뼈 센 게 맛있어. 뼈가 세야 맛있어 고기는.

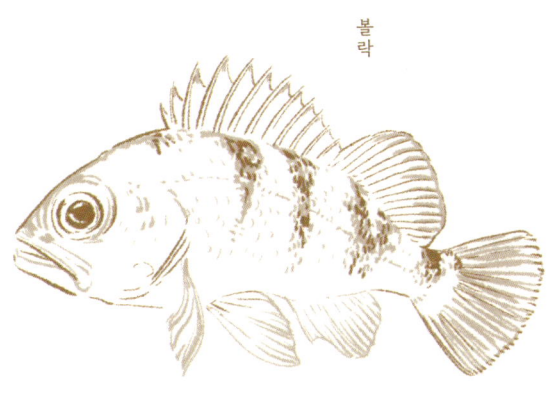

볼락

미조 사람들이 멸치를 원래 많이 먹었어요?

‖ 고구마순 멸치쌈 ‖

하모 여기 많이 났으니까. 옛날에 우리 어렸을 때는 매립을 안 해서 봄에 물이 많이 들고 파도가 이리 오면은 멸치가 저절로 올라오는 거라. 여기가 몽돌밭이었거든. 몽돌 사이에 찡겨서 못 나가면 그걸 막 우리가 줍고 그랬어. 주워가지고 와서 막 구워 먹고 그랬어. 그때는 멸치 값이 없었지. 멸치젓갈 이런 것도 정치망 이런 데 좀 잡으면 얻어다가 담아 먹고 그랬지. 요새는 대량으로 해갖고 파는데 그때는 며르치는 생선으로 보지도 안 했지. 우리 어릴 때만 해도 멸치 이런 거는 생선이라고 생각도 안 했지.

그 며르치 쌈할 때에는 고구마 마른 순을 넣어. 그거를 인자 겨울에 가을에 해 놨다가 봄 되면 그거를 물에 담가 불려가지고서 된장이나 고추장을 좀 넣고 이래 주물러 냄비에 깔고 우에다가 인자 며르치를 얹어가지고 양념을 해가지고 그렇게 찌지 무면 맛있어요.

**바닷고기 이야기를 많이 해주셨는데
미조는 어패류, 굴이나 조개는 안 나오나요?**

아이고 옛날에 우리 부락에 조개 많이 났거든. 근데 인자
항구에 배들이 많으니까 기계 기름 냄새가 나니까 안 먹어요.
그라고 인자는 팔랑마을 항구를 매립 해버렸기 때문에 조개
밭이 없어져 뻿어. 옛날에는 자연산 홍합 같은 것도 많았어요.
요새는 그런 홍합도 없어. 굴은 좀 밖을 나가면 좀 있긴 해.

채취한 굴은 어떻게 요리해먹나요?

굴을 인자 내가 채취를 해가 온다던지 해갖고 소금에다
약간 굴을 빨아야 돼. 그러면 그 시커먼 게 팍 나온다고.
바로 담으면 질질 뭐 코 같은 그런 게 나오는기야. 그래가지고
물 빠자물을 빼서 가지고서 굵은 소금을 좀 넣어. 그걸 한
2일에서 3일 삭혀야 돼. 인자 고추가리하고 마늘, 생강 이런
거를 같이 배합을 해갖고 파도 인자 썰이 넣고 무도 조그맣게
썰이서 넣어야 돼.

음식과 관련된 거 아니더라도
미조에서 많이 나는 고기들이 뭐가 있나요?

> 보리새우 몇 가마니씩 잡아서
> 설 쇠고 옷도 해주고 아들 공부시키고 그리했는데
> 요새는 그 새우도 안나.

우리 어렸을 때에는 조기도 많이 났데요. 바로 앞에 섬 조도 앞에. 우리 아저씨^{남편}는 우리 아버지하고 시아버지하고 조기 낚으러 갔데요. 그러다 고마 어느 날 조기가 안 나드라데? 조기, 갈치 이렇게 많이 났어요. 또 옛날에는 돔 주낙배라고 있었어요. 바다 밑 지형을 잘 아는 사람들이 낚시 미끼 끼워가지고서 던지고 그랬는데 인자 그리하는 분들은 전부 돌아가셨어. 요새는 뭐 어탐을 찍어가지고서 고기를 쫓아가니깐 뭐 없어. 또 우리 동네는 갈치 유명했지. 옛날 추석이 되면 갈치 주낙이라고 했거든. 지금 갈치 잡으러 다니는 배들 보면 엄청 커. 옛날에는 작은 배들이 요 밖에 조금만 나가 갈치 잡아 오고 그랬어요. 그랬는데 요새는 그런 작은 배로는 못 잡아.

    겨울 되면 보리새우 몇 가마니씩 잡아서 설 쇠고 옷도 해주고 아들 공부시키고 그리했는데 요새는 그 새우도 안나. 옛날에 이 부락에 거의 다 장어를 잡았어요. 만약 30호면은 한 20호는 배가 있고 장어잡이를 많이 했거든요. 이 동네 사람들은 장어 장사로 다 부자 됐지. 사고도 많이 나고 사람도 많이 죽고 그랬는데 옛날엔 목선이니깐 바다에서 태풍 만나면 그길로 가는 거지. 요새는 옛날처럼 장어가 안나. 장어 잡는 큰 배가 몇 척이 있는데 연안에서 안 잡고 근해로 나가는 기라. 여기서는 안 해. 장어가 없어 아예 없어 장어 자체가.

미조에는 부부끼리 소규모로 어선 운영하는 사람들이 많나요?

옛날에는 못 배워 놓은께 젊은 아들이 부모와 같이 생활을 했지만 요새는 다 교육을 받기 때문에 촌에 있을라하나. 전부 다 직장 해갖고 밖으로 나가지. 나이가 들고 이러니께는 배들도 자꾸자꾸 없어져. 남을 데리고 다니면 타산이 안 맞으니까 부부끼리 댕기면서 많이 하지. 진짜 옛날에 여기 갈치고 장어고 새우고 많았지. 또 공멸이라는 며르치가 있어요. 그 며르치가 있었는데 봄에 나는 건데 그때 그런 것들이 많이 나고 요새는 어쩌다가 판장에 보면 정치망에서 조금 잡아 오더만 조금 잡아 오는 그런 기지 옛날처럼 많이 안 나니까 막 팔지는 못해요. 옛날에 나와시 배라는 것이 있었는데 주로 삼치를 많이 잡아 왔고 요새는 그런 배는 아예 없어져 버리고 우짜다가 갈치 배에서 삼치 잡고 정치망에 들어와 몇 번 잡고 그랬지. 특별히 삼치 잡으러 간다는 배는 없어.

어머님은 누구에게 음식을 배우셨어요?

옛날에 우리 어렸을 때는 음식을 잘하는 사람이 있으면 좀 사는 집에서 초청을 해갔거든. 우리 할머니가 그런 거를 하드라꼬. 우리 아버지가 일본으로 배를 댕겨서 먹고 살 만했는데 우리 할머니가 부잣집에 음식을 해주러 가드라고. 인자 살만한 그런 집들에서

아이고 아무개 할머니
우리 집 와서 뭐 좀 해주라.

혼사든지 회갑이던지 뭐 이런 일이 있을 때 초청을 해 가드라고. 우리 할머니 해묵는 거 이런 거를 등 너머로 보고 또 내가 인자 나이가 드니까 가만 생각을 해보면 옛날에 할머니가 하던 그런 게 정확하진 않은데 어설프니 기억나는 거야. 근께 그거를 내가 인자 따라 하고 있지.

김순덕

지철 음식을 하면
뭐든지 해도 맛있어

김순덕 (1954년생)

2020년 9월 1일 오후 4시, 경남 남해군 남해읍 필즈커피

"지철제철 나는 거로 계절 식당 한 번 해봤으면 좋겠다!"

김순덕 어머님은 나이가 많아서 다 틀렸다며 웃었다. 어머님의 남편은 뱃일을 하다 다리를 잃었다. 아버지에게 의족 차고 다니는 모습을 보이기 싫어 옆 마을로 이사 가서 바다에는 못 나가고 어촌마을 이장을 14년 동안 하며 함께 살아냈다. 어머님은 사람 좋아하는 이장의 부인으로 마을 대소사 음식을 준비하고 6시 내고향 같은 방송사가 올 때는 음식 시연도 하며 요리 경험치를 쌓아왔다. 제철에 나는 재료에는 소금과 마늘 땡초만 넣어도 된다며 제철 식재료를 강조하는 어머님은 "먹어봐야 잘 쓸 수 있지 않겠냐"며 그날 집으로 초대해 갈치호박국을 끓여 주셨다.

지금은 잘 안 먹는데 어린 시절 먹었던 옛 음식이 있나요?

‖ 고구마 빼떼기죽 ‖

옛날 음식은 사라지고 있어요.

옛날에는 고구마 말린 거를 삶아서 빼따지고구마 빼떼기 죽을 쑤어 먹었어. 고구마를 납작납작하게 한 1cm 정도로 얇게 썰어가지고 씻어가지고 삶아. 전에는 불 때가 오래 삶지마는 요새는 압력밥솥에다가 그걸 삶는 거야. 옛날에는 소다를 넣어 삶았는데 압력밥솥에는 소다를 넣어서 삶으면 안 돼. 일단 퍼지게끔 삶기만 삶고 소다를 넣고 마무리를 해야 해.

고구마 빼떼기

소다를 왜 넣는 거예요?

소다를 넣으면 빼따지가 부풀어. 옛날 엄마들이 쓰는 방식 그대로. 옛날에는 삶기만 한 납작납작한 거에 사카린을 넣어 으깨지도 않고 먹었어. 단팥죽같이 쑤기도 하거든. 그럴려면 이제 팥하고 같이 삶아야지 필히 콩이나 팥이 들어가야 돼. 그렇게 한 20분 삶아서 흐물흐물해지면 도깨비방망이 그걸로 들들들들 갈면 갈아져. 단팥죽 같이 맛있게 먹을 수 있지. 거기에다가 설탕을 넣어서 먹으면 돼. 건더기 있게 먹으려면 좀 덜 갈면 되고. 단팥죽같이 먹을 라면 매이^{세게, 많이} 갈고 그게 맛있어.

기억나는 엄마 음식 있으세요?

‖ 멸치 나물찜 ‖

며르치가 팔딱팔딱 뛰어 몽돌에.
그라모 우리가 저녁에 자도 안 하고 고무신을 들고
다니면서 멸치를 고무신에 주워 담는 거야.

회 찍어 먹는 막장만큼은 엄마표야. 엄마가 장 담을 때 되면 메주를 쪼개가지고 씻어가 말리가지고 그거를 방앗간에서 깨

오더라고. 거기다가 보리를 삭혀가지고 같이 메줏가리하고 보리하고 이렇게 소금하고 거기다가 부드라운 고추가리 그걸 조금 옇고. 그때 신화당음식을 달게 만들 때 쓰는 포도당 70%, 사카린나트륨 30%를 혼합한 합성 감미료을 조금 넣더라고. 이래가 인자 섞어가지고 다듬거리면 그게 막장이 되는 거야. 거기다가 회 찍어 먹을 때는 마늘, 깨소금, 참기름 옇으면 돼. 우리가 식당에서 찍어 먹는 막장은 너무 달잖아. 집에서 담구면 맛있지. 막장만큼은 엄마표야 맛있어.

나는 고향이 거제도인데 거기에도 멸치가 많이 나. 거제 탑동 알죠? 거기가 내 고향인데 학동 저 해금강 있는 곳. 우리가 몽돌밭에서 자랐어. 달빛에 멸치가 반짝반짝하잖아. 그라모 우리가 그 당시에 고무신을 신고 다녔기 때문에 고무신을 들고 다니면서 저녁에 자도 안 하고 멸치를 고무신에 주워 담는 거야.

엄마가 해주는 음식 중에 멸치찜이 있었어. 멸치 날 때쯤이 봄이라. 봄이 되면 산나물이 많아요. 고사리도 있고 취나물도 있고 뭐 두릅도 있고. 멸치를 횟거리 하듯이 다듬고 산나물을 삶아가지고 듬성듬성 썰어. 그래가 쑥털털이 하는 식으로 밀가루 반죽을 해가지고 된장을 조금 옇고, 고추장도 조금 옇고, 간장도 조금 옇고, 이래가지고 양념한 상태에서 쪄. 찌면은 새콤달콤하게 양념장을 새로 만들어가지고 양념장에 찍어 먹어. 멸치 맛도 받치고 산나물 맛도 받치고 이렇기 때문에 뭐라나 상큼한 산나물 향이 나잖아. 그런 식으로 맛있다니까. 근데 엄마들이 해준 음식 먹은 거는 안 잊어진다. 여자들은 결혼을 해도 그기 더듬어지더라고. 엄마 음식을 먹고 컸잖아. 내가 그 음식은 안 해봤지만 더듬어지는 거야.

‖ 멸치튀김 ‖

멸치가 비린내가 있거든. 튀김가리 발라 멸치만 튀기지 말고, 그것도 인자 일단은 튀김 가리 양념할 때에 땡초 다지 옇고, 채소를 다지 옇고 깻잎도 다지 옇고, 피망도 좀 다지 옇고, 양파도 다지 옇고, 채소를 다지는 거야. 그래가 양념을 할 때에 이렇게 반죽에다가 적시가 하면은 그 야채가 들어갔잖아. 그라모 또 그 비린내를 제거하지. 어쨌든 마 후추도 조금 옇고 그리했거든. 그냥 멸치만 하면 멸치만 삐쩍 하거든. 그라모 볼품도 없고 맛도 없어. 그러니께 채소 그튼 거 넣어 가지고 하면은 이 야채랑 맛이 어우러지고 맛있어. 그렇게 해 먹는 거야. 한 가지를 해 먹더라도 맛있게.

봄 멸치 이어서 나는 바닷고기가 뭐가 있나요?

‖ 장어구이 ‖

**미조 같은 데는
여름에는 무조건 장어를 구운께
손님 오면은 숯불 피아가꼬.**

이제 그다음에는 장어지. 장어는 구이를 해 먹어도 되고 국을 끓여 먹어도 되고 잔잔한 거는 삐득삐득하게 말리갖고 장어 볶음을 해 먹어도 맛있고. 미조 같은 데는 여름에 손님 오면은 숯불 피아갖고 무조건 장어를 구운께. 양념은 인자 고추장에 배도 갈아 옇고, 생강도 좀 갈고, 마늘도 갈고, 일단 다 갈아야 돼. 장어양념에는 다 갈아야 돼. 그래가 물엿도 조금 옇고 그런 식으로.

**장어국에는 필히 방아잎이 들어간다.
안 옇고 묵는 거하고
옇고 묵는 거하고 다르니까.**

장어국은 대가리하고 뼈하고 먼저 고우는 거야. 대가리 뼈는 버리면 아깝잖아 다시를 내. 거기서 다시가 많이 나와 그러면 대가리하고 뼈하고 푹 고아갖고 그 국물에 장어 다듬어놓은 거 있죠? 그 뼈가 추려졌잖아. 썰이도 되고 아니면

주물럭주물럭 해갖고 추어탕식으로 하면 돼. 거기다가 인자 고사리, 콩나물 뭐 양파, 대파 많이 옇잖아요. 고추장 옇고 그래가지고 그것도 땡초, 마늘하고는 필히 들어가야 돼. 아 그리고 장어국에는 필히 방아잎이 들어간다. 안 옇고 묵는 거하고 옇고 묵는 거하고 다르니까. 장어국만큼은 방아가 들어가야지.

장어

지금 9월에는 맛있는 고기가 뭔가요?

‖ 갈치 호박국과 조림 ‖

시장에서 산 갈치 한 마리라도 그냥 바로 구워가지고 다른 거 안 옇고 땡초 하나만 간장에 썰이 넣어도 맛있어요. 근데 냉동은 맛없어.

날도 이렇고 막 비가 많이 와서 적게 잡히지만 지금은 원래 갈치 철이에요. 큰 것도 있고 작은 것도 있는데 우리가 10kg에 23미, 24미 10kg 한 박스에 들어있는 갈치 마릿 수를 사거든. 그 치수가 우리가 제일 잘 먹는 치순데 그게 제일 비싸다고 그 밑에 잔 거는 좀 싸고.

조선 풋 호박 있죠? 지금이 지철이야. 풋 호박 날 때에 그것도 조선호박 인자 썰이가 깔고 거기다 인자 갈치를 올리고 그다음에 인자 갈치는 비린내가 나잖아요. 그럴 때 한 4인분 기준을 했을 때에 된장을 커피 숟가락으로 한 숟가락 비린내 제거한다는 식으로 넣고 그다음엔 메주콩 간장 그거 한 숟가락 넣고 그다음에 소금 간 맞추고. 그런께네 된장 조금 넣고 콩 간장 넣고 그다음에 소금 간 맞추고. 그라면 인자 고춧가루 거기다가 대파, 홍고추 이래가 맛있죠. 생선 자체가 맛이 있으니까 조미료는 일체 안 쓰고.

> 남해 사람들은 갈치로
> 국도 끓여 먹는다고 들었어요.

그렇죠. 호박 옇고 이것도 조선호박. 특히 갈칫국은 조선호박이어야 맛있다. 이게 호박하고 갈치하고 궁합이 맞기 때문에. 호박을 먹기 좋게 고마 투박투박 썰이가지고 갈치 넣고 그다음에 땡초 마늘 썰이 옇고 소금 간만 맞추면 맛있어. 소금은 보통 3년씩 간수를 빼야 돼. 간수 있는 소금을 하면 무슨 음식이든 쓴맛이 받치.

인자 이런 거는 우리가 어릴 때 묵던 음식이지, 젊은 사람들 요새 이런 거 잘 안 묵을걸? 나 어렸을 때는 갈칫국좀 주지마라꼬 막 그랬었는데 그때는 맨날 이걸 끓이 주니까 갈칫국 쫌 주지 마라꼬.

갈치

조선호박

남해 사람들이 겨울에 꼭 먹어야 하는 고기가 있다고 하던데요?

‖ 물메기국 ‖

그렇지! 작년엔 안 나서 진짜 메기^{쏨뱅이목 곰치과의 바닷물고기} 못 사 묵었다. 메기 못 사 묵기가 작년에 처음이다. 국 한번 끓여 먹고 마른 메기^{반 건조 시킨 물메기}도 못 샀다. 메기 진짜 맛있거든요. 진짜 맛있어요. 메기국도 아무것도 안 옇고 마늘, 땡초, 소금하고 넣어. 그 자체에서 맛을 내는 거예요. 그 싱싱한 맛을 맛 그대로를 말하는 거야. 그래가지고 메기도 진짜 소금, 땡초, 마늘만 있으면 되는 거야. 그러면 그거는 간을 맞추면 시원하면서도 맛있어.

‖ 물메기찜 ‖

두꺼워서, 말리는 시간도 그것도 잘 말리야 돼. 잘 말려가지고 내가 해 먹는 거는 인자 어느 선에서 너무 매이^{많이} 말리 삐면 쪄 먹는 게 파이라^{별로야}. 반건조 됐을 때 먹기 좋게 잘라가지고 냉동 시키 났다가 그거는 여름에 먹어도 맛있어요. 메기는 자체가 물이거든? 그 자체가 짜. 민물로 씻어가 말리도 몸 자체가 짜더라니까? 그러니까 양념을 약간만 해야 되는 거야. 된장을 약간만 옇고, 맛을 내기 위해서 진간장도 조금 거기다가 고춧가루, 마늘 다지 옇고, 설탕 조금 이래가 쪄가 먹으면은 진짜 맛있어요.

‖ 물메기전 ‖

메기 전을 어떻게 하냐면은 포를 뜨잖아요. 그리고 가는 소금을 손으로 삭삭 뿌려. 뿌려가지고 하루 정도 소쿠리에 받치 갖고 물을 빼. 물을 빼면은 다시 인자 밀가루 버무려서 둥구러 가지고 거기에다 인자 계란 깨가지고 소금 조금 넣어. 땡초도 썰이 옇고, 야채도 썰이 옇고 이리하잖아. 그래가지고 인자 전을 부치는 거야. 바로 하면은 물이 칠칠칠 해. 메기 전을 해 놓으면 비린내가 안 나니까 맛있어. 회도 맛있어. 회도 채소 옇고 그러니께 그거는 미나리 그튼 것도 옇고 야채를 옇어. 이래가지고 하면은 메기회도 맛있어.

물메기

손님이 오시거나 하면 내놓는 어머님만의 음식이 있으세요?

아휴 말도 마라. 딱 봄 되면 둘이서 장어를 한 100kg을 따. 둘이서 따면은 언제 다 갖다줬는고 없다. "아휴 이장님 장어를 좀 사야 될 낀데." 하면 "어이 알았네!" 했다쿠면 끌고 나가 삔다. 진짜 손님 많이 쳤다. 현관에 신발이 저 끝에 있고 거실에 막 서른 몇 명씩 해봐라. 저 면사무소 직원이다 뭐 농협 직원이다 보건소 이래저래 와 봐라 서른 몇 명씩 되잖아.

아저씨_{남편}가 내한테 이야기를 딱 걸어본다. "메기가 많이 났던데?" 이러는 거야, 그러면 내가 "어쩌라꼬!" 하하하 이라면은 "이 사람아 면장님이랑 한번 초대해야 안 되겠나" 말을 먼저 띄우는 거야. 그라면 인자 내가 밑반찬이 준비가 됐을 때 "이제 와도 된다" 하면 좋다쿠지. 메기 철나면 메기 끓이고, 찌고. 장어 나면 여름에 장어국을 한번 또 해야 하고 또 갈치나면 갈치회 해야 되고 그런 식으로 계절마다.

> 뭐든지 바다서 건져서 묵는 게
> 제일 맛있지. 뽈래기도 잡아 오면 소금 쳐서
> 구워 먹으면 그게 제일 맛있고.

지철 음식을 하면은 뭐든지 해도 맛이 있다. 제철 음식을 하면 무조건 맛있어. 소금 간만 잘 맞추면 돼. 다른 거 안 넣어도 돼.

김순덕

어울리게 딱 나왔잖아 호박하고 갈치 봐봐. 호박 지금 나잖아, 갈치나고. 딱 지철 먹게끔 자연이 짜여져가 있다니까.

‖ 보리새우전 ‖

보리새우도 다양하게 쓰거든 보리새우 날 때가 시금치가 날 때거든? 그러면 그 꽁지 대가리 따 삐고, 그걸 부침가루에다가 시금치 썰이 옇고, 김치 썰이 옇고 인자 야채가 무슨 야채든 옇으면 돼. 그냥 옇어가 비비가 구우면 된다. 또 보리새우 말라가지고 싹싹 비비면은 껍질 다 나와뿌고 진짜 알맹이만 나와. 그걸 인자 볶아 먹었거든. 근데 요새는 아주 귀하다 귀해. 없다. 옛날에는 흔한 거였다.

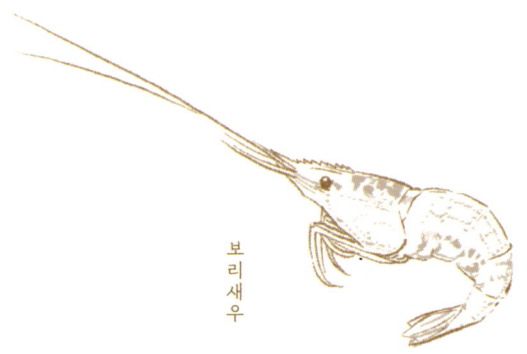

보리새우

아버님이 다치셨으니 어머님이 일을 하셨겠네요?

일을 할 줄 알아야지. 그냥 그럭저럭 살아갔지. 그래도 식당에 조금 다녔다이가. 식당에 한 5년 다녔나? 눈물, 콧물 흘리면서 하하하. 우리 아들이 지금 살았으면 마흔네 살이라. 딸이 지금 마흔일곱인데 진해서 살아. 내가 딸 하나 아들 하나였는데 2009년도에 영도에 노래방 화재 사건이 있었어. 그때 우리 아들이 하늘나라로 갔어. 그때 조선소 회식하고 그래가 인자 노래방을 갔는데 그때 하늘나라로 가가지고 괜히 힘들어서 지금 한 12년 됐지? 그리하고 있는데 우리 아저씨가 아들 보내고 계속 담배를 많이 피아 가지고 폐암 걸려가지고 돌아가신지가 3년째야. 그리하니까 내가 안 되겠다 싶어서 집도 크고 미조에 집을 정리를 해갖고 읍에 현대아파트로 나온 거야. 그래 지금 혼자 살고 있지. 집밥 생각나면 오세요. 밥해줄게! 하하하. 호박국 끓이 줘볼까? 갈치 호박국? 먹어보면 진하게 더 잘 쓸 수 있지 않나? 언제든지 온다면 내가 국 끓여줄게. 하하하.

갈치 호박국을 얻어먹으려고 다시 김순덕 어머님을 찾았다.

마침 전화 잘했다. 3일되면 내가 고성으로 가삐거든 거기 가서 도배도 하고 수리를 해야 돼.

고성은 지인들도 없으실 텐데 심심해서 어떡해요?

고성에? 동생들도 살고, 또 고향이 거제도잖아. 고성하고 거제도하고 가깝잖아. 그러니까 친구들도 고향 친구들도 거기 많이 있고 우리 친구들 다 그 주변에 사는데 내만 이리 빠져가 있어. 근데 남해가 좋다. 섬 자체가 아름답다. 거제도 섬 크기만 크지 남해는 아기자기하잖아.

집이 정말 따뜻하네요?

하하하. 손님 온다고 불 피았지. 내가 안 그랬으면 전기장판 저 한 개 틀었다.

윤복아

조개는 뭐이라도
해놓으면은 맛있어

윤복아 (1952년생)

2020년 9월 7일 오후 2시, 경남 남해군 설천면 문항마을

"우리 밭에서 나는 거하고 바다서 나는 거. 육고기도 그리 먹긴 먹지만은 손이 빨리 채소한테 먼저 가대. 내는 입이 쪼끔 까다롭진 않아예"

윤복아 어머님은 반농반어半農半漁 마을인 설천면 왕지마을에서 태어나 갯벌을 끼고 있는 옆 동네 문항마을로 시집왔다. 농부이자 갯벌 어부이기도 한 어머님의 집밥은 본인이 밭에서 키운 채소와 갯것을 조합하여 집 간장으로 간을 내 올린다. 조개는 그 자체가 하나의 요리이기도 하고 다른 음식의 부족한 맛을 보완해 준다며 우럭조개 전골, 청각 바지락 볶음, 청각채국, 쏙 볶음, 굴 나물 볶음 조리법을 들려주었다.

어머님은 문항마을이 고향이세요?

내는 여 건너 저 왕지마을이라고 아저씨는 여 태어나서
여서 살았고. 내는 서울에서 직장 생활하다가 스물두
살에 내려왔어. 직장이고 뭐고 고향이 오고 싶어가지고
죽것드라고. 엄마 아부지가 보고 싶고. 그때 할머니 할아버지
다 계셨거든. 내는 엄마보다도 할머니가 더 보고 싶대.
그래서 내려가고 싶다고 편지를 썼지. 전화는 그러니깐
편지로. 그때는 다리_{남해대교. 1973년 개통}가 없어서 배를 타고
왔어요. 고속도로가 있은께 서울서 부산까지는 버스를 타고
와가지고 부산에서 금성호를 타고 남해 노량으로 왔지.
그럴 때는 그리 가고 싶대 고향이.

그러면 아버님을 만나서 문항마을로 오셨네요?

내려와 가지고 그때 우리 동네에 굴 양식을 최초로 했거든요.
그런데 가서 쪼끔 또 일도 해보고 뭐 부모 농사짓는 것도
좀 거들어 주고 그랬지. 그러다 얼마 안 돼서 선봤다니까.
옛날에는 뭐 선을 봐도 그냥 앉아 있으므 그기 시집가는 기라.
마주 앉아서 주안상 받았다면 그기 시집가는 기라 그기.
옛날에는 연애는 꿈도 못 꿔. 그때는 큰일 나는 기라. 내가
서울에 있으면서 총각을 알았는데 서로 편지를 주고받았거든.
그리 펜팔 했는디 내가 인자 고향으로 내려 왔어. 그 사람이
천안 사람인데 우리 집에 찾아온다 캐여. 내가 딱 끊었제.
우리 아버지가 막 겁나거든. 오지 마라 캤어. 그기 인자
첫사랑인디. 그때는 펜팔로는 해도 서로 만나고 하는 거는
지인짜.

    지금 아저씨가 우리 집으로 선을 보러 왔는데 엄마가
술상을 채려 오더라고. 아버지도 계시고 그쪽 친척 어른도
계시고 그렇잖아. 어른들끼리 이야기하고 나는 묵지도 안
허고 앉아가 내 이래가 있었지 뭐. 선을 보는 중인데 엄마는
또 점심식사 준비를 해. 그래가 인자 점심식사까지 묵으면
그게 성사가 된기지. 그날 바로 읍에 가가지고 약혼 사진
찍고 그랬다. 희한하제이? 옛날엔 그랬다니까예. 얼굴은 보도
안 해 코커뜨리도 모리고(코끝도 못 보고). 마음에 안 들어도 말을
몬 허는 거지.

그래도 아버님이 좋으니 결혼하셨겠지요.

근데 진짜 마음에 안 들었어요. 진짜라. 내 시집와서도 마음에
안 들어가지고 을매나 그랬는디. 그때는 뭐 목수라 그라데?
목수라 캐서 돈이나 벌이고 기술잔가 싶어서 왔드만은
개뿔은 목수도 뭐. 인자는 나이 든께 살지. 73년도에 남해대교
개통했나? 우리가 73년에 양력으로 10월 22일 날 인자
약혼식 했고. 음력으로 동짓달 초이튿날 결혼했어. 그래가
남해대교 가서 막 사진 찍고 그랬다 아이가.

어머님은 농사도 짓고 바다 일도 하셨지요?

젊어서는 농사짓고 나면 시간적 여유가 있잖아요. 낙지
주낙이라고 밤에 나가 등불 양쪽 켜놓고 노 저어가지고 낙지
잡고 그랬어. 그때는 인자 경매장이 없어가지고 그 인자
식당에 그따 팔고 그랬거든. 그때는 노량에 식당 많이 했거든.
인자 낙지를 많이 잡으면 새벽 일찍 버스 타고 가서 거기다
갖다 넣어주고 또 오는 버스 타고 돌아오거든. 시집오니깐
농사가 많더라고 넘의南의 농사지으면서 참 힘들었어요.
내 체신體身도 작은 데다가 이런 농사를 안 지어봤거든.
가을에는 달밤에 나가서 나락을 벤다니까? 밤에 손으로

다 비고 그럴 때는 이 타작하는 기계 없어가 발로 밟는 걸
했거든. 그런께 추수가 한 달 걸려. 비고^{베고}, 말루고^{말리고},
타작허고, 또 보리 갈고. 고생 마이 했다. 내가 아들 하나 딸 하나
있는데 얼마나 고생을 해가지고 자식 안 놓을라꼬 그랬어.
그때 우리 산아제한 할 때거든.

> 아들딸 둘만 낳아 잘 키우자
> 잘 놓은 딸 하나 열 아들 안 부럽다

이런 포스터 있었거든. 그래가 인자 면에서 "복강경 수술해라.
남자는 정관 수술해라" 하드라고. 그래서 수술했다 아이가.
그 때 이 마을에 사람 참 많았어요. 참내 아들도 얼마나
많았다고. 근데 지금은 애들이 없잖아. 인자는 동네가 텅텅
비었으.

요즘 갯가에서는 뭐가 제철인가요?

‖ 청각 바지락 볶음 ‖

가을 바지락은 맛이 없다고
개도 안 먹는다고 해요.

바지락은 겨울부터 봄까지. 지금은 청각 철이거든요. 청각은 깊은 물 속에 있기 때문에 인자 한 여덟아홉 열물 이 사이에 물이 많이 나면은 들어가 손으로 뜯어요. 파라수름 해가지고 커. 손바닥같이 이리 넓고. 바다 보면 산호초처럼 지다마니^{길게} 요리 생기가지고 이뻐. 끓는 물에 살짝 데쳐가지고 그래가 그게 새파랗게 되거든. 그러면 참기름하고 간장 넣고 바지락이랑 딸각딸각 볶아. 볶은 후에 익으면 청각을 좀 칼로 잘라가지고 넣어. 그리고 인자 마늘 좀 다져 넣고 청각에서 국물이 생기거든. 그러니까 국물 자박자박 해가지고 먹으면 참 맛있어요. 지금도 그렇게 해 무면 맛있어요.

청각

‖ 청각채국 ‖

그리고 또 옛날에는 청각을 말린 걸 가지고 양파 같은 기랑
해가 채국도 해 먹었어. 시원하게 냉국. 그럼 그것도 맛있어요.
우리는 그걸 채국이라 그러거든요. 인자 풋고추하고 간장하고
물하고 청각. 거기다가 인자 양파 같은 거 살살 썰어 넣고.
또 오이도 짜끔^{조금} 넣어도 좋고. 청각은 말룬거 데쳐가지고.
말룬 걸로 해야 그기 또 괜찮더라고. 옛날 어르신들이 많이 해
먹었지, 요새 사람들은 또 별로 안 좋아하더라고. 근데 내는
좋아해.

이곳 문항마을 갯벌 바지락이 유명하잖아요?

하모 바지락이 유명하지. 우리 어릴 때는 학교 갔다 오면은
조개 같은 거 캐가지고 큰 거는 가져오고 작은 거는 또 버리기
아까븐께 우리가 조개 밭을 딱 만들어. 돌을 이리 쌓아가지고
인자 조개 큰 거는 딱 골라놓고 작은 거는 뿌리고 오니까.
그러면 그기 인자 이거는 내 밭이다이 그래가 놔뒀다가 나중
가서 캐고 그랬어.

    한 5cm 깊이 내려가면 있는 그기 바지락이거든. 동그란
좀 타원형으로 생기가지고. 바지락은 너무 커버리면 그게
다 컸기 때문에 인자 지 생을 다 한기라. 그러면 그기 자꾸

산란해놓고 죽어삐요. 인제 알이 작아져삐요. 근게 어느 정도
인자 사람 그트면 이삼십대 삼사십대 그때가 제일 맛있어.
쫄깃하고 쪼끔 커가지고 그럴 땐 통통하니 살도 오르고
맛있어요. 바지락뿐만 아니라 동죽도 있고 떡조개 또 우럭
조개, 맛조개가 있지. 옛날에는 지다만 해가지고 길어가지고 폭
올라오는 맛조개가 많았는데 요새는 맛조개가 하나도 없어.
구멍에 소금 넣으모 폭 올라오는 그걸 맛조개라 부르거든.
그 맛조개가 우리 젊었을 때만 해도 많이 있었어. 근데 이기
바다가 뭐이 오염돼서 그런지는 몰라도 다 솟아올라 죽어
삐드라고. 또 통통한 조개 있었거든. 그것도 구멍이 크다케
이래가지고 콧구멍 조개라 그랬는데 그것도 없어졌고.
개조개는 물 많이 날 때 가서 캘 수 있어요. 근데 그것도
예전엔 많았는데 자꾸 없어지데.

바
지
락

바지락은 어떻게 해서 드세요?

‖ 바지락 칼국수 ‖

조개껍질에서도 국이 우러난대.
그니까 까놓은 거랑 맛이 다르지.

바지락은 속에 모래가 있기 때문에 해감을 안 하고 끓이면은 먹기가 거북해요. 걔들이 입을 벌려가지고 뭘 먹기 때문에 그 속에 모래가 따라 들어가거든. 해감은 농도가 딱 맞으니까 바닷물에 하는 게 제일 정확하지. 이기 좀 밝으면 얘들이 빨리 입을 안 벌리거든. 덮어 놔둬야 돼요. 어둡게 딱 덮어놓으면 입을 빨리 벌려 해감이 빨리 돼요. 그래가 살아있는 거하고 죽은 거하고 골라야지. 살아있는 거는 윤기가 나고 죽어있는 거는 조금 퇴색이 돼가 있고. 우리가 보면 그거는 딱 알제. 이제 깨끗이 씻어가지고 조개가 잠길 정도로만 물을 붓고 팔팔 끓여가 조개국 해 먹으면 그기 제일 맛있어. 바지락은 원래 속에 짠 물을 머금고 있거든 그래서 간을 안 하고 취향에 따라 매운 고추 썰어 넣으면 칼칼하니 맛있거든 시원하니. 그렇게 마이 묵고 칼국수 하는 데도 바지락 많이 넣었어. 인자 물 끓을 때 칼국수 넣고 조개 넣고 그러믄 입을 딱 벌리거든 그다음에 호박 같은 거 또 감자 쪼금 넣고 하면 맛있어.
조개껍질에서도 국이 우러난대. 그니까 까놓은 거랑 맛이 다르지.

큰 조개들은 어떻게 해 먹나요?

‖ 우럭전골 ‖

우럭은 좀 걸쭉헌 맛이 나지.
인자 우럭이 거의 한 80프로 익었다 싶을 때
시금치를 탁 볶아가 내면 맛있어.

큰 것들은 키조개하고 개조개하고 우럭 조개가 있거든. 우럭 조개는 까야 돼. 삶아가지고 안 돼. 우럭은 조개같이 입을 '악' 안 다물고 딱 벌어져가 있거든. 그니까 그 속에 모래가 억수로 많이 들어가요. 평상시에도 입이 이리 떡 벌어져가 있고. 그니께 그거는 삶아도 안 되고 꾸우 무거도^{구워 먹어도} 안 되고 우째든 까야 돼. 모래 땜에 안 돼. 까면은 인자 이 가에 막이 싹 형성돼가 있거든 그걸 인자 주둥이라 캐. 살을 쭉 끄올려 그따 인자 칼로 반을 딱 잘라가 그래 이리 싹 막을 뱃기모 참 예뻐요. 그럼 그기 인자 모래가 있는 기라. 그 모래 붙어 있는 막을 버리면 인자 모래가 없어가 씻어가 먹으면 좋아요.

　우럭은 좀 걸쭉헌 맛이 나지. 우럭은 생걸 까가지고 통배기로^{통째로} 먹어야지. 썰여 넣으면 맛이 없어 안 돼. 참기름이랑 간장 넣고 볶으면 우럭에서 허연 국물이 살짝 나오거든 거기에 시금치를 싹 해가 살짝 데쳐 내면은 진짜 맛있어요. 인자 우럭이 거의 한 80프로 익었다 싶을 때

시금치를 탁 볶아가 내면 맛있어. 시금치는 데친 것도 아니고 그냥 생거 따가지고. 우리는 그거를 우럭전골이라 하지. 우리가 이름을 지어낸 기지. 우럭이 한 열 마리 정도 되면 시금치 한 주먹 정도 넣어야 돼. 그기 한 1인분? 내 혼자도 거의 열 마리 문께^{먹으니까}. 반찬으로도 묵고 그냥 무도 좋고. 맛있어. 남자들 술안주로는 진짜 와따다. 조개는 야채 허고 다 잘 어울려. 우럭을 삶아내고 시금치를 살짝 데쳐가 초장 무치가 무도^{먹어도} 맛있어.

우럭조개

시금치

조개는 뭐이라도 해놓으면 맛있어.

옛날에는 인자 우럭을 많이 캐잖아요. 너무 우럭이 많으니까. 꼬쟁이를 끼가지고 그걸 인자 말려. 거기 안에 내장은 떼버리고 기름이 너무 져가지고 그거는 잘 안 말라지거든. 인자 이 몸띠 이걸 한 이틀 말리면 좋아요. 그기 쫀독허이 마르거든. 그걸 간장이랑 물엿 쪼금 넣고 졸여 먹으면 진짜 맛있어. 조개는 뭐이라도 해놓으면 맛있어. 우럭 조개 그리 허면 진짜 맛있어.

 옛날에는 여 우럭 캐면 뭐 이웃 동네 사람들이 바지게^{발채를 얹은 지게}를 지고 왔다. 바지게로 해갔다니까 얼마나 많았다고 문항 여기 우럭이 유명했다. 사실 지게가 뭐이야. 뻘에 총총총총 보여서 쬐끔만 파도 한 다라이 팠는데. 얼마나 많이 있었는데. 근데 그 조개가 인자 없어. 쏙이 바다를 점령을 해버리니까 우럭이 거기 서식을 못 해.

그러면 쏙을 부지런히 잡아내야겠네요.

쏙은 어떻게 잡나요?

쏙 구더기에다가 된장을 인자 풀어 그 된장 물을 지기면^{부으면} 그 냄새를 맡고 올라오는 모양이라. 옛날에는 강아지풀 있제? 봄에 쏙이 올라오는데 봄에 강아지풀도 올라오잖아요. 그 풀을 가지고 쏙 구더기에 넣어. 그럼 그걸 물고 올라와. 그다음에 짚을 인자 가운데 속대를 빼가지고 지다마니 그 쏙 뒤에다가 딱 뭉끼^{묶어}. 그래가 인자 쏙 부채꼴 꽁지에다가 짚 나르미를 묶어가지고 쏙 구멍에다가 넣어. 쏙이 지 집에 지 혼자 살아야 되는데 뭐가 들어오면 그거를 쫓가^{쫓아} 내는 기라. 밀어 올리는 기라. 인자 쏙 발이 보이면 손으로 싹 빼올리. 강아지풀은 힘이 없어가지고 금방 풀이 죽어 빈께네^{버리니까}. 첨에 한 번 쓰고 다음부터는 쏙을 짚 나르미에 묶어서 잡지.

쏙은 먹기에 좀 딱딱하지 않나요?

‖ 쏙 볶음 ‖

그냥 볶는 거보다 손을
쪼몰락쪼몰락해가 볶으면은 그 속에서
끈적끈적한 게 나와가지고 엉켜.

쏙은 봄부터 10월까지 나오는데 연한 시기가 7월, 8월. 걔들이 두꺼워지는 이유가 아매^{아마도} 인자 겨울이 되니까 자꾸 땅속 깊이 들어갈라고 그럴라면 껍질이 좀 두꺼워지지. 쏙은 뻣센 다리도 좀 떼 버리고 가운데 가슴에 있는 지느러미도 떼 버리고 머리도 떼버리야 돼요. 머리 떼면 그 안에 노란 내장이 나오거든. 내장 그기 조금 비린내가 나. 그것도 딱 버리비고 인자 쏙을 싹 깨끗이 가시가지고^{손질해가지고} 인자 간장을 넣고 쏙을 쪼모락쪼모락 하면은 쏙 속에 간이 좀 배이들어가거든. 그럼 인자 그걸 딸각딸각 볶아. 그리가지고 물을 쪼금 붓고 거기다가 마늘, 땡초, 양파 이리 썰어가지고 끓을 때 넣어. 아까 쪼모락쪼모락 했제? 계란 풀어놓은 것처럼 하얗고 노오랗게 똑 그런 게 나와. 그게 진짜 맛있거든. 그냥 볶는 거보다 손을 쪼몰락쪼몰락해가 볶으면은 그 속에서 끈적끈적한 게 나와 가지고 엉켜. 엉키면 꼭 계란 풀은거 같이 그래요. 그럼 그게 맛있어. 그것도 물을 많이 넣지 마. 잘박하게 부어가지고 거기 마늘 땡초는 필히 들어가야 맛있어요.
튀김할 때는 다리도 놔두고 머리 그것만 떼고 가슴 있는
그것만 배끼삐고 튀기면 맛있제. 쏙은 그런 식으로 해묵는
기라. 된장국에도 끓이고.

생으로 먹을 수 있는 조개도 있나요?

새조개. 달짝지근하니 진짜 맛있제. 생으로도 먹고 살짝
데쳐가 샤부샤부도 해 먹고. 새조개가 입을 내면 꼭 갈매기
머리같이 생깃그든. 그기 입을 탁 내가 이리 움직이는데 진짜
빨라. 근께 그 모습을 날아간다 쿠그든. 바다 밑에서 새가
날아 대인다 쿠그든. 팍 파가 얼마나 빠르다고 근데 그거들이
인자 한꺼번에 막 이리 몰리 대이그든. 근께 인자 피조개
양식하는 그른데 종자를 넣으면 새조개가 올 때가 있어.
그럼 인자 피조개 캐면은 거기 새조개 있을 수도 있고.
키조개는 인자 생으로 관자만 딱 떼가 생거로 물 수 있제.

피조개는 양식을 하고 새조개는 양식이 안 되나 보네요. 굴은 어떤가요?

> 옛날부터 엄마들이 해줘 놓으니까
> 그게 습관이 들어가지고
> 그리 다져 넣으면 훨씬 맛있드라고.

양식 굴 있고 자연산 있고. 용도는 똑같이 써예. 맛은 그리 별 차이 없는데 굴 자연산이라 쿠는 거는 물속에서만 사는 게 아니거든. 물 밖에 나와야 되거든. 물이 났다 들었다 하니까 햇빛을 봐서 그런가 몰라도 자연산이 향이 많아요. 우리가 자연산 굴을 까가지고 보면은 향이 다르다 그래요. 우리 동네에서는 양식 안 하고 다른 동네에서 양식을 하고 우리는 바닷가 자연산을 채취하지. 굴은 요리가 다양하지요. 된장국 끓이는데도 넣고 설에 떡국에도 넣고 회로도 먹고 김치 담을 때도 넣고 또 나물 볶는 데도 굴을 다지가지고 볶으면 또 그것도 맛있어요. 우리는 나물 볶을 때는 해산물을 많이 넣거든요. 취나물 같은 것도 그렇고 무나물 있잖아요. 생무 할 때도 그거 많이 써. 그것도 다져 넣으면 맛있어. 옛날부터 엄마들이 해줘 놓으니까 그게 습관이 들어가지고 그리 다져 넣으면 훨씬 맛있드라고.

지금은 잘 안 해 먹는데 어린 시절에 엄마가 해주시던 음식이 있을까요?

**근게 고구마는 사람을 따라다니야 돼.
지 혼자 놔두면 썩어 삐. 사람 옆에 놔둬야 돼.**

우리 엄마는 그때는 젊어 놓께 뭐 이리 일흔다꼬 그런데 신경 안 씨고^{쓰고} 우리 할머니가 그런 걸 많이 해주대. 우리 할매가 음식 솜씨가 있대요. 다른 거 뭐 특별히 하는 게 아닌데 그런 거는 잘하데.

   옛날 그럴 때는 고구마가 주식이라. 아침 저녁은 밥을 해 무도 점심때는 거의 고구마로 많이 때웠어요. 할머니는 빼때기 죽도 잘 쑤고 그랬어. 말린 빼때기를 도구통^{절구통}에 찍대. 찍으면 그기 좀 부스러기를 내거든. 그럼 그기 더 맛있어. 가루가 나와 갖고. 그래가 그걸 인자 도구통에 콕콕콕 찧으면 좀 뿌사지잖아요. 그럼 뿌사진걸 가지고 물을 부가^{부어서} 이렇게 끓이니까 그기 걸쭈욱허니 맛있드라꼬. 그기다가 인자 쌀가루 같은 거 좀 넣든지. 안 그러면 밀가루도 좀 넣거든. 인자 콩 있잖아요. 노란 메주콩보다 봄에 나는 강낭콩 그튼 거. 그걸 넣어야 맛있어. 그걸 넣으면은 색깔도 쪼오끔 붉은빛이 나면서 맛있어요. 커피 초꼬렛 색 비슷허이 그래. 옛날에는 걸쭈욱 허라고 쌀가루 잘 안 넣고 밀가루 많이 넣었지.

   우리 어릴 때 고구마 안 심는 집이 없었는데 집집마다

고구마 밭에 놔가 인자 양식이라 양식. 방에 들어가면 고구마를 넣는 창고 고구마 두지가 있었어. 선반에 얹어가지고 우에다가 이불그튼 거 얹어놓고 농 얹어놨었거든. 그 선반 밑이 고구마 두지라. 고구마가 들 때 되면 대나무 발을 가지고 방을 딱 반을 나눠나. 고구마는 영하로 떨어지면 썩어뻐리거든. 영상이 돼야 해요. 그니까 고구마는 따뜻하게 방에 놔둬야 돼. 춥은데는 대반^{바로} 썩어삐. 고구마는 사람을 따라다니야 돼. 지 혼자 놔두면 썩어 삐. 사람 옆에 놔둬야 돼.

> 그 누룽지가 지금도 생각이 나.
> 그기 참 꼬시고 맛있었어.
> 내 애릴 때는 그런 맛이 있었다.

옛날에는 할아버지 계시지, 아버지 계시지, 우리 형제가 칠 남매거든요. 근께 식구가 열한 명이더라꼬. 엄마, 아버지, 할머니, 할아버지 열한 명이라. 그때는 뭐 병충해도 그래 논께 쌀농사 많이 몬 했거든. 그래서 보리를 먼저 한번 솥 끓여. 끓이가 뜸 들면 쌀을 살 안치지. 같이 안치도 쌀은 소도록이 가만있어. 그러면 인자 할아버지, 아버지, 할머니는 쌀 우에 떠가지고 보리 조금 섞어가지고 드리면 우리는 쌀은 별로 없어. 그러면 주걱을 가지고 보리를 짝짝 치대가지고 찰지게 만들어서 주면 그래도 그 밥이 맛있대.

아! 기억 나는 거 진짜 있어. 내 애릴^{어릴} 때는 보리를 다

도구통에 찍어가지고 그래가 인자 밥을 하고 그랬거든. 그럼 인자 일단 정미소서 보리를 찧어 오잖아요. 근데 그 보리가 다 안 깎이거든. 그럼 도구통에다 넣고 막 이거 절구 있잖아. 그걸 막 이렇게 돌리데. 근데 물을 넣어가 갈아야 되거든. 그 물이 좀 툭툭허거든 따라놨다가. 그리고 인자 보리는 밥을 하면 인자 밥을 하고 나면은 밑에 밥이 눗제? 그럼 그 물을 부어. 부어 가지고 요리요리 저어주면 걸쭈욱 하이 하면서 그게 그리 맛있대. 그거는 걸쭉. 그기 좀 색깔이 쪼끔 누르시름 함시로 쌀 숭늉하고는 비교가 안 돼. 그 누룽지가 지금도 생각이 나, 그기 참 꼬시고 맛있었어. 내 애릴 때는 그런 맛이 있었다.

조순임

팔은 고기보다 죽은 고기가
더 많을 겁니다

조순임 (1965년생)

2020년 12월 5일 11시, 남해군 미조면 팔랑마을

미조 앞바다에서 30년째 양식장을 운영하는 빈종철·조순임 부부는 "애들한테 빚을 남겨줄 수 없다는 마음으로 지금까지 해왔다"며 힘든 사업을 물려받는 아들에게 미안해했다. 조순임 어머님은 내륙 지방인 경남 함안에서 남해 미조로 시집와서 바다에서 문어가 올라오는 모습이 신기하고 그렇게 맛있었다며 그 시절을 추억했다. "지금은 너무 고생해서 바다를 보기도 싫다"라고 하면서도 코고동 숙회, 보리새우 지짐이, 숙성 물메기 회, 생선 미역국의 맛을 들려주었다.

미조 앞바다에 적조가 와서 피해가 많았다고 들었는데 안타까운 마음입니다.

> 너무 고생해서 지금은
> 바다도 보기 싫어요.

작년에 적조 때문에 우리 고기가 거진 다 죽었잖아요. 적조 같은 경우에는 밤사이에 갑자기 오는데 사실 작년에는 태풍 걱정을 했지 적조는 걱정을 안 했는데 그때는 '이 힘든 걸 넘어가면은 아무렇지 않겠지'라고 했는데 또 이러니 더 힘든 것 같애. 지금은 모임 자체가 없으니깐. 보통 외식을 해야 회를 먹거든요. 그리고 외식 사업체에서도 국산을 써줘야 되는데 500원, 1000원이 싸도 싼 단가를 찾아 쓰니까 수입산을 쓰게 되고, 지금 일본산 때문에 문제가 너무 많거든요. 확실히 일본 양식 기술이 좋아서 제품이 좋긴 좋아요. 소비자가 굳이 원산지 표기를 안 물어보면 파는 사람은 일본산이라고 안 하고 파니까 모르고 먹는 사람들도 많아요.

   너무 고생해서 지금 바다도 보기 싫어요. 오래 했는데 고비고비가 너무 많아가지고 지금도 사실 한고비에요. 올겨울 원래 12월 되면 거진 고기 50~60%가 출하 시기거든요. 근데 요 보니까 고기가 아예 안 나가는 것 같기도 하고, 단가 자체도 너무 없고, 희망도 없는 것 같고, 우리뿐만 아니라 전체적으로 다 힘든 것 같아. 양식업자들이 맨날 "힘들다,

힘들다" 해도 올해같이 힘든 적은 없었어요.

양식업은 어떻게 미조에서 시작하셨어요?

나는 경남 함안에서 시집을 여기로 왔고, 우리 아저씨가 토박이지. 아저씨 행님이 처음에 통영 쪽 전문대 수산과를 나와 가지고 가두리 허가를 내고 뭐 이리 해가지고 미조에 터를 잡긴 잡았었어요. 잡았는데 그 당시에 우리 시숙이 인제 사업 결과가 너무 안 좋아 가지고 자기 나이도 있고 수입도 없고 하니깐 공무원 시험을 쳐가 들어가 버렸지. 우리 아저씨는 그 당시에 남해 수산고등학교 나와 가지고 원양어선을 타서 번 돈을 이 가두리 양식에 넣었었고. 그러다 보니까 우리는 결혼과 동시에 인제 바다 사업을 하게 됐지. 빚이랑 이런 걸 안고 바다 사업을 시작 했지. 그게 지금 한 30년 됐어요. 결혼하자마자 했으니까.

저 미조 조도鳥島 앞에 어장이 있어서 가까운 곳에서 살아야 되는가 싶어가지고 섬으로 들어갔지. 들어가니깐 젊은 사람이라고는 우리 밖에 없었고 그 때는 할머니 할아버지들 열 두 집 정도 살고 있더라고. 근데 지금 생각해 보니 그 분들이 50대, 60대였는데 그때는 되게 할머니 같았는데 지금은 인자 내가 60대가 다 되어 가니까. 하하하.

**어머님 고향인 함안은 전형적인 내륙지방이라
남해와는 해먹는 음식 차이가 많이 나겠네요.
고향 음식 중에 기억에 남는 음식이 있으세요?**

함안에서는 하여튼 그때만 해도 시장에 가면은
물간생선_{소금물에 담궈 간을 한 생선} 있잖아요? 그런 걸 사가와가지고
먹었지. 여기 싱싱한 생선 하고는 비교가 안됐지. 바다를 볼
일이 없었는데 오니까 신기하긴 했죠. 바다에서 막 문어가
올라오고, 지금도 우리 어장 밑에 통발을 놓거든요. 고기를
잡을 목적이 아니고 키우는 고기가 나가는 것을 볼려고,
나가면 제일 먼저 통발에 들어가거든요. 거기에 자연산이
많이 들어와요. 그래서 인자 문어 같은 거는 많이 먹지.
장어도 맛있어요. 하하하.

‖ 붕어찜 ‖

인제 겨울에 붕어 생각나는데 아버지가 장에 가서 붕어를
사가 오면은 겨울에 무가 맛있잖아요? 가마솥에 무 큼직큼직
썰이 가지고 깔고 붕어 얹고, 고춧가리하고 간장 이렇게 마늘
푹 끓여요. 붕어의 고기 맛이 베여가지고 그 무가 맛있어요.
뭐 모르겠어요. 대충해놔도 맛있어. 그게 붕어찜인 것 같아.
그래가지고 뭐 시골에는 먹을 게 별로 없었잖아요.
장에 가면 갈치, 고등어 뭐 그런거 또 이제 참장어 있잖아요?
그걸 시장에서 사가 오면은 인자 추어탕처럼 해 먹었고.

미조는 원래 양식업을 많이 하던 곳이었나요?

그때 그렇게 많지는 안했어요. 30년 전에는 열 손가락 정도 있었을 텐데 계속 늘어나가지고 지금은 한 30~40가구가 되는 것 같고. 우리는 웡캉 빚 안고 그 빚을 갚아야 하는 상황이다 보니까 빚이 그 당시만 해도 7000만 원 정도였으니까 빚 갚고, 이자 갚고 이리하면서 차츰차츰 성실하게 하다 보니까 인자 여기까지 온 것 같은데.

양식 어종은 어떤 기준으로 선택하나요?

> 아마 고기 팔은 것보다
> 죽은 게 더 많을 겁니다. 하하하.

암만해도 수익성. 그 당시에는 돌돔 같은 것도 많이 했는데 돌돔은 실패를 많이 했거든요. 그게 바이러스가 오면 거진 다 죽어 버리고 이리하니까. 농어도 키우는 만큼 수익성이 없어서 지금은 주로 우럭하고 참돔 그 두 가지를 주로 하죠. 이제 뭐 이거는 없다고 치고 뽈래기^{뽈락} 이런 거 하고, 돌돔도 조금씩 넣기는 하나 많이 하지는 않고 쥐치 같은 거 있으면 조금 넣고. 유일하게 안되는 기 굉어. 광어는 육상에서 되지 바다에서는 절대 안되는 고기고. 양식 기술을 어디서 가르키주고 그런 건 없는데 어촌 지도소에서 어떤 교육 같은 거 한 번씩 있긴 해요. 고기들 질병이라든지 사료 먹이는 그런 거 교육을 하긴 하는데 그게 큰 도움이 되는지는 모르겠어요. 이제 키우면서 노하우를 터득하는기지. "맨날 그래도 어렵다, 어렵다" 해도 또 어떻게 이래가지고 해가 나온 것 같아요.

양식하는 물고기에게 먹이로 어떤 것들을 주나요?

제일 쌀밥이 꽁멸치^{까나리}. 까나리가 제일 쌀밥이고 그 나머지 멸치, 또 뭐 갈치새끼 풀치. 잔잔한 그런 걸 안 잡아야 되는데 지금 잡는게 너무 발달하다 보니 그런 걸 다 잡아 오거든요. 그러면 결국은 고기 사료로 들어가거든. 그래서 어쩔 수 없이 그냥 그것도 사 먹이게 돼요. 꽁멸치가 제일 비싼데 고기한테 제일 좋긴 해요. 나머지 뭐 고등어, 조기 새끼 깡치 그런 것들은 먹기가 어중간하니까 사료 기계에 분쇄를 해가지고 섞어가지고 주기도 하거든.

> 이게 같은 고기라도 좋은 사료를
> 먹은 고기하고, 그냥 풀치나 멸치
> 던져 주는 거 하고 달라요.

근데 사료는 비싸지는데 고기 단가는 30년 전이나 지금이나 똑같아요. 똑같고 오히려 안 좋을 수 있고 좋은 건 한 개도 없고, 돔은 저번에 한번 만 사오천 원 까지도 올라가서 좋을 때도 있었는데 그거도 지금은 우럭보다 더 안 좋게 되었고.

기르는 물고기로는 어떤 음식을 만들어 드세요?

‖ 생선 미역국 ‖

몇 년 전에 우리 고기가 많이 죽었어요. 그래가 싱싱할 때 건져가지고 만들어가지고 손질해가지고 2~3일 건조를 시켜 가지고 아는 사람들한테도 좀 주고, 맛보고 사 먹는다는 사람한테는 팔기도 하고 그렇게 했는데 우럭은 매운탕에도 좋고, 약간 말려가지고 찜을 해 먹어도 맛있고, 그냥 구이를 해 먹어도 맛있어요. 진짜 싱싱한 생선을 미역국을 끓이 놓으면 그렇게 맛있어요. 매운탕보다 더 맛있어요.
우럭, 우럭이가 좋긴 해요. 자연산 고기도 좋긴 한데 노래미 뭐 그런 게 미역국을 끓이 놓으면 그렇게 맛있어요. 이거는 그냥 미역에다가 우리 그냥 액젓 있지예? 남해 여기서 나는 액젓에다가 물을 부어가지고 인제 간만 맞춰가 끓여요. 인제 물부터 먼저 끓이면서 액젓 넣고 그래가 미역을 넣고, 미역 한소끔 끓고 나면은 생선, 산 생선을 넣어야 돼.

생선구이 같은 것도 액젓으로 가지고 양념을 만들어가지고 찍어 먹는다던지 액젓이 꼭 들어가야 맛있어요. 뽈래기^{뽈락}랑 우럭은 원래 사촌지간이거든. 뽈래기도 살짝 말려가지고 쪄가 먹으면 맛있어요.

우럭

어머님 요리 비법이 멸치액젓인가 봐요?

그렇지. 액젓은 담고 1년은 너무 얕은 것 같고 2~3년 정도 지나야 맛있어요. 저는 콩 간장 안 써요. 콩 간장은 맛이 없어서 못 쓰겠더라고. 사람들이 "비린내 나지 않나?" 이라는데 전혀예. 나물 무치고 이리하는데도 액젓으로 가지고 해요. 미조에서는 항상 싱싱한 멸치로 담잖아요? 그니까 맛있지. 너무 맛있으니까 외부 사람들은 멸치액젓에 미원을 넣는다고 막 이리하거든? 모르는 사람들은 너무 맛있으니까. 인자 항상 싱싱한 재료를 쓰니까 미조 멸치액젓을 요리에 넣으면 미원 맛이 날 정도로 맛있어요.

**어머님이 뒷집 박윤자 어머님을 소개해 주셨잖아요.
정말 경험이 대단하셨어요.
옛날 바다 환경과 음식 이야기를 해주셨는데 예전에는
보리새우 팔아서 설 쇠고 그랬다고 하던데요?**

아우, 보리새우가 엄청 흔했었거든요. 그러고 보니까 거진 없어졌다. 고대구리_{소형기선저인망}라고 그걸로 잡아서 겨울에는 길가에 날리는 게 보리새우고 온데 널어놓고 그랬거든. 근데 지금은 없어요.

‖ 보리새우지짐 ‖

그거는 꼬리하고 머리하고 떼고 이제 찌짐도 해묵기도 하고, 이제 또 알맹이만 이렇게 까면은 그걸 또 제사 지낼 때 그 탕국에 넣기도 하고 뭐 다용도로 쓰이지. 육수 내고, 뭐 맛 내고 하는 데는 그 새우가 싸면서 다양하게 쓰였거든요. 또 예전에는 그걸 말려 놓으면 제가 듣기로는 새우깡 회사인가? 어딘가 과자 같은 거 맛 내고 이리 하는 그런 데서 사가 간 걸로 알고 있거든요. 그걸 큰 자루에 담아가지고 몇십 킬로씩 해가지고 말리면 가벼워지잖아요. 큰 보따리 같은 그런 자루에다가 한 자루씩 해가지고 팔기도 하고, 가져가기도 하고 그리했는데 지금은 보리새우가 너무 귀한 몸이 됐어요. 예전에는 고마 널어놓으면 갖다 묵기도 할 정도로 흔하기도 했는데 지금은 조금 하면은 몇만 원이고 뭐 그렇게 했는데 결론은 지금 자꾸 귀해져 가고 있어예. 없는 것 같다.

> **털게도 흔했다고 말씀하셨어요.**

예, 쪄가지고 그냥 살 발라 묵고 뚜껑에다가 밥 비벼가지고 묵고 그랬는데 귀해가지고 이제는 맛을 보기가 힘든 것 같아요. 조도 섬사람들하고, 팔랑마을 사람들이 많이 잡았었는데 예전에는 한 다라이 잡아가지고 판장에 올리면 십만 원 밑에 했거든요. 그리했는데 인자 막 소문이 나다 보니까 귀해져가지고 한 다라이에 뭐 삼십몇만 원 사십만 원을 하더라고예. 근데 한번 먹어본 사람은 털게를 찾아요. 대게 이런 거 하고도 비교가 안 되는 것 같고, 한 마리를 먹어도 알지고. 인자 맛은 벚꽃 필 때가 제일 절정이고 여물 때인데 그냥 찜 솥에 쪄 가지고 그렇게 묵는데 그 잔잔한 거는 된장 끓여 먹으면 맛있지.

> **어머님 기억에 지금은 사라져가는데 과거에는 풍부했던 해산물이 있을까요?**

‖ 코고동 숙회 ‖

그때 오니까 바다 밑이 오염이 안 되가지고 코고동이라고 코가 질질 나오는 고동이 있었어. 그때는 밑에 통발 놓으면은 진짜 한 통발씩 이리 들었었거든요. 그게 삶으면 구수한 냄새가 나. 그래가지고 그때 내는 함안 살다가 이런 데 오니까 너무 신기해가지고, 그때 상민이를 임신했을 땐데 그 당시에 그걸 삶고 그러는 거에 내가 질려가지고, 근데 그게 지금은 귀해 지가지고 정말 별로 없어. 그때는 컸어. 이 정도 했었는데 지금은 오염이 되고 그리하니까 고동이 없어지나 봐요. 지금은 잡으면 요만해. 음식점에 가면은 우짜다가 한 번씩 나오기는 하는데 안 잡히더라고요. 그때는 진짜 흔해가지고 한그슥 가득 이렇게 잡았거든예. 까서 그냥 무쳐가 먹기도 하고 초장에 찍어가 묵기도 하는데. 또 군소라고 우리 옛날에 어려울 때 바다 양식을 하면서도 용돈 벌이 쓴다고 통발을 해가지고 잡기도 했거든요. 그러면 군소 그게 진짜 많이 들었거든. 그때는 징그럽기도 하고 별로 먹고 싶지도 않고 해서 버리고 했거든요. 지금도 오염이 되가지고 많이 안 잡히고 또 잡히면 그것도 가격이 있어서 팔기도 하고 그래 하는 갑드라고요.

코고동

**남해 사람들은 물메기 안 좋아하는 사람이 없던데
남해가 고향이 아닌 어머님도 물메기 좋아하세요?**

예, 한두 번 먹고 지나가야 돼요. 말 그대로 물메기라. 살에
물이 한 거진 90%라 해야 되나? 한 2~3일 물만 빠지게 말려
가지고 된장 있잖아예? 된장에 갖은양념을 다 해가지고 인제
이렇게 발라. 그래가지고 쪄 가지고 먹거든. 그러고 인자 되게
마른 메기는 물에 불려가지고 그냥 쪄도 되고, 양념을 된장
그런 식으로 해도 되고, 똑같은 양념으로 뭐 그리해도 되고.
또 말린 거 미역국 같은 거 끓여 먹어도 되고, 우리 쌀 씻을 때
뜨물 같은 거 넣고 갖은양념 해가지고 자작하게 지진다 해야
되나? 조린다 해야 되나? 그렇게 해 먹기도 하고.

‖ 물메기 숙성회 ‖

되게 추울 때는 얼었다, 녹았다 이렇게 해가지고 회를 해
먹기도 하는데 약간 되게 추울 때는 하루 정도 물을 빼고,
메기살에 물이 좀 빠지면 그렇게 회를 해 먹기도 하고, 어떤
때는 생메기 자체를 회를 해 먹기도 해요. 예전에는 정말 흔할
때는 한 마리에 2~3천 원 작은 거는 천오백 원 했거든.
지금은 귀하니까 몇만 원이라도 사 먹잖아. 제일 처음 귀할
때는 3만 원까지도 해요. 고기가 인자 많이 나오면 그때부터
내려가요. 배양장 하는 친구가 있는데 물메기도 알로
해가지고 방류를 할 건 갑드라고요.

**제가 양식장을 한 번 나가 봤는데
서 있는 것도 힘들더라고요.**

일반인은 나가는 그 자체가 멀미 나고 힘들지. 서 있는 자체도 힘든데 맨날 나가서 일을 하면은 어떻겠어요. 또 뒷일이 많아요. 그물 갈이 해놓은 걸 일일이 청소 다 해가지고 그런 걸 다 해줘야 되지 이러니까 일이 많아요. 인도네시아 사람 두 명이랑 한국사람 두 명이랑 있는데 외국인은 일한 지 한 10년 다 돼가거든요. 숙식 다 제공해주고 부식비도 좀 주고 뭐 세금도 내주고 그러지. 자기 나라로 안 갈라 하네? 다른 양식장도 한국인은 주로 소장 식으로 맡겨놓고 거진 인자 외국인이죠. 한국 사람은 일할 사람이 별로 없지예. 소장 정도 그렇게 한 두 명이지.

바다 사업이라는 것이 자연의 영향을 많이 받아서
오르락 내리락이 심하다고 들었는데
어떻게 30년 동안 유지해 오셨나요?

> 놀아가면서 해도 되는데 일만
> 할라 사서 그게 좀 안타깝긴 한데
> 그리해서 그나마 밥 묵고 살지 않나 싶어요.

우리가 '맨날 어렵다, 어렵다' 하는데 하다 보니까 이렇게 왔지. 인제 다른 사람처럼 어느 정도 하면은 할 거 다 하고, 놀 거 놀고 이리하는데 우리 아저씨는 오로지 바다에 올인 해가지고 했어요. 예전에는 "애들 소용없다" 샀드만은 요즘에는 "애들한테 빚을 남겨줄 수 없다" 하면서 놀아가면서 해도 되는데 일만 할라 사서 그게 좀 안타깝긴 한데 그리해서 그나마 밥 묵고 살지 않나 싶어요. 대체로 보면은 어느 정도 궤도에 오르면 손을 떼고 소장한테 일을 시키고, 일하는 사람한테 시키고 이리하는 사람들이 있는데 그러면 사업이 자꾸 안 되가지고 힘들어지는 경우가 많드라고요. 그러니 우리 아저씨 왈 "이거는 주인이 안 나가면 안 된다" 그렇게 얘기를 하드라고요.

주현주

그날 잡은 것 중에 제일 좋은 것은
무조건 애들 먹였어요

주현주 (1964년생)

2020년 9월 5일 오후 2시, 남해군 삼동면 시문마을 애매하우스

27살, 둘째 낳고 돌 지나기 전 첫 물질을 시작한 주현주님은 남해 앵강만에서 해녀 일을 시작했다. 물질은 이모님에게 배우고 음식은 제주 해녀 어머니에게 배웠다는 주현주님은 음식솜씨가 좋아 앵강만에서 잡은 수산물로 횟집까지 운영하였다. 완전한 남해식 이라기보다는 어머니의 영향으로 제주식 남해 음식을 했고 전복 꼬치구이, 해삼 물회, 성게 미역국, 거지탕 요리법을 들려주었다. 멸치액젓을 음식의 베이스로 사용하며 음식은 "말할 것도 없이 간이 첫 번째고, 기본으로 깔려놔야 되는 거"라는 주현주님의 이야기를 들어보자.

해녀 일은 언제부터 하셨나요?

> 이 힘든 걸 나 때에 끝을 내야지
> 자식한테 물려주고 싶은 생각이 없다.

스물일곱에 시작했네요. 둘째 낳고 돌이 되기 전에 물에 처음 들어갔어요. 이모님한테 물질을 배웠어요. 우리가 경제적으로 굉장히 힘들었을 때 이모님이 하는 말이 "해녀는 잠수복 한 벌이면 몸뚱아리 가지고 돈을 벌 수 있다. 힘은 들지만" 어머님이 극구반대를 했어요. "이 힘든 걸 나 때에 끝을 내야지 자식한테 물려주고 싶은 생각이 없다" 이모님이 상군*이였죠. 저희 어머님은 건강상 문제로 깊이는 못 들어가셨어요.

*상군: 수심 15m 이상의 바다에서 작업하는 베테랑 해녀로 한번 잠수해 2분가량 바닷속에 머무를 수 있다. 그 다음 중군은 수심 8~10m, 하군(똥군)은 5~7m에서 작업하는 해녀이다.

물속 깊이 들어가야 많이 잡을 수 있나요?

> 딱 지금 눈을 감으면
> 내가 갔던 바다 속은 그림으로 그려지죠.

그건 아니에요. 물속을 보는 눈, 관찰력이 좋아야 해요. 저는 수심을 5m 이상을 타본 적이 없어요. 그런데도 물건은 또 최상급을 땄어요. 전복이 어떤 곳을 좋아하는지 딱 들어갔을 때 그 주위를 살펴보는 거예요. '아, 이런 곳을 전복이 좋아하는구나' 수심을 깊게 들어가야만 많이 잡는 것이 아니라 전복이 좋아하는 지역을 빨리 파악하는게 중요해요. 우리가 물 속에 들어가면 그곳에도 양지, 음지가 있거든요? 전복은 음지에는 없어요. 햇빛이 바른 곳에 있단 말이에요. 거기에 해조류가 잘 큰단 말이에요. 양지에는 여러 가지 해조류들이 살기 때문에 전복이 그걸 먹기 위해서 있어요. 딱 지금 눈을 감으면 내가 갔던 바다 속은 그림으로 그려지죠.

남해 어느 쪽 바다에서 물질을 하셨어요?

앵강만. 전복 양식 종패를 넣어가지고 3년을 묵혀놓은 바다에 제가 들어간 거예요. 거의 전복이 고갈된 상태에서 어촌계에서 종패를 놓은 거예요. 우리가 10마리를 던져서 3마리 살면 성공이라 하는데 종패를 어느 정도 넣었는지는 모르겠는데 성공적으로 많이 산 것 같아요. 제가 처음 들어가 보니 돌은 작고, 전복은 많은 거예요. 얘들이 돌이 없어서 전복끼리 업고 있는 거예요. 해삼 망태, 전복 망태, 멍게나 다른 잡것들 넣는 망태 따로 있는데 제가 물질을 시작하고 전복 망태를 가득 채워 본 적은 처음이었죠.

테왁과 망사리

전복, 뿔소라 꼬치구이

전복은 어떻게 해서 드세요?

‖ 전복꼬치 ‖

전복은 꼬치. 전복을 한 번 살짝 데쳐요. 살짝 해서 물기를 뺀 다음에 꼬치에 끼워놓고 간장, 설탕, 참기름을 1:1:1 비율을 섞어요. 그다음에 후라이팬에 올리고 붓는 거죠.

어머님은 전복을 먹어보면
자연산과 양식을 구분할 수 있으세요?

알죠. 꼬들꼬들한 맛. 자연산 전복은 모든 해조류를 다 먹고 양식 전복은 일정한 장소에서 다시마만 먹고 크는 거예요. 물론 다시마도 좋지만 다시마 한 가지만 먹으니까 육질 자체가 다르죠. 전복 속 껍데기 안에 보면 무지개 빛이 나잖아요? 그 영롱한 무지개 빛 안에서 자라 몸에 좋은 거예요. 자연산이 굉장히 귀해요. 온난화가 시작되면서부터 해조류 종류들이 많이 달라지고 열대어도 가끔씩 보이고, 백화현상도 많이 두드러졌고. 지금 온난화가 바다 생태계를 파괴시키고 있어요.

해녀들이 전복 말고 또 채취하는 것들이 뭐가 있나요?

‖ 해삼물회 ‖

암 환자들이 제일 마지막에
찾는 음식이 해삼이에요.

제가 생각할 때는 전복도 고가고 몸에 좋지만 제일 가치 있는 상품은 해삼이라고 보거든요. 해삼은 보약 역할을 한데요. 우리가 종기가 나잖아요? 그럼 고약 붙이면 종기 응어리가 빠져 나온다 아입니까. 해삼이 그 역할을 한데요. 암 환자들이 제일 마지막에 찾는 음식이 해삼이에요. 몸이 그 정도 상태면 생거는 못 드실 거잖아요? 약이 될 것 같으면 좀 크고 딱딱하더라도 삶아서 국물로라도 드시게 용도에 맞게 드려요. 육상에 인삼 있듯이 바다는 해삼이에요.

　해삼이 이렇게 좋은데 일반인들은 먹으면 짜기만 하잖아요. 그 짠맛 자체가 싫어서 안 먹는 사람이 많단 말이에요. 제가 이것도 넣어보고 저것도 넣어보고 여러 가지 넣어봤을 때 인자 마지막에 '아! 이거다' 하는 게 뭐였냐면 배, 오이, 해삼. 설탕 3이면 식초 한 스푼 정도 비율로 하는 거예요. 물이 한 방울도 안 들어가요. 해삼에서 물이 나오고, 오이에서 나오고, 배에서 나오고, 식초, 설탕이 이게 어우러져서 자박자박해지죠.

해삼은 겨울에 나는 음식인데
온난화 때문에 겨울이 짧아지지 않을까
그게 제일 걱정이네요.

성게 잡는 거는 어렵지 않아요. 잡고 나서 손질이 어려워요.
딱 붙어있는 것이 아니고 얘들이 좋아하는 해초 옆에 있어요.
성게는 몽글몽글, 동글동글하게 성게알이 있고 내장이
있고 이렇게 해서 다섯 조각이 있는데 그 다섯 조각을
고스란히 꺼내기 위해서는 성게 입 있는 쪽으로 칼을 꽂듯이
넣어가지고 제끼야 바로 떨어지거든요. 우리 과일 자르듯이
반으로 자르면 성게알이 다 부서져 버려요. 칼을 꽂아서
이렇게 비틀어야 해요. 차 숟가락 가지고 알만 꺼내는데 알
옆에 항상 내장이 붙어있단 말이에요. 그거 내장 분리하는 게
시간이 굉장히 걸리고요.

해삼

해산물끼리도 잘 어우러지는 재료가 있나 봐요?

‖ 성게미역국 ‖

성게가 제일 좋아하는 것이
파래하고 미역이에요. 미역에 성게알을
싸가 드시는 걸 보셨죠? 그게
궁합이 잘 맞는거예요.

그래서 성게 미역국을 끓여 먹는 거예요. 일단 저는 모든 국물 요리들은 멸치액젓으로 하는데 성게 미역국은 물에다가 멸치액젓을 어느 정도 따라 가지고 끓이다가 미역을 넣어요. 미역은 쉽게 퍼지지 않아서 먼저 넣어요. 미역이 어느 정도 삶기고 나면 성게를 마지막에 넣어요. 성게는 오래 끓일 필요가 없거든요. 우리가 조개국을 끓이면 뽀얀 국물이 나오잖아요. 성게에서도 그 국물이 나와요. 그 다음에 인자 멸치액젓하고 소금하고 반반씩 넣어 간 맞춰서 먹으면 성게의 쓴맛이 미역과 어우려져 맛있어요.

돌문어

혹시 해녀가 문어나 생선 같은 것들을 잡기도 하나요?

문어는 눈이 마주치면 절대 못 잡아요.

제가 문어 잡다가 한 번 죽을 뻔한 적 있어요. 물에 들어갔는데 문어 눈이 오백 원짜리 동전만 한 거예요. 딱 저하고 눈이 마주친 거예요. 너무 놀라서 올라왔어요. 호흡을 가다듬고 어떻게든 잡아 올리려고 연구를 하고 내리갔는데 아무리 잡아도 이 아는 문어발을 최대한 바위에 붙이고 방어 자세를 하고 있더라고요. 엄마가 해녀일 할 때 해주신 말씀이 "문어를 보면 눈을 마주치지 마라. 그러면 굉장히 잡기 힘들다" 문어가 엄청 영리하거든요. 영리한 생물이라 눈이 마주치면 절대 못 잡아요. 사람을 인식했다는 건 그만큼 잡기 힘들다는 말이거든요. 결국엔 제가 욕심을 안 부려야 되는데 끝까지 욕심을 부려가지고 지금 생각해도 후회되잖아요. 어차피 잡지도 못할 걸 다리 두 개만 찢어가 온 거예요.

문어는 잡는 요령이 있거든. 갈고리를 찍어가지고 이렇게 돌리 비리야 되는 거예요. 반쯤 돌렸는데 문어가 내 손을 타고 딱 등 뒤로 올라가더니 뒤에서 목을 감는 거예요. 그때 죽는 거야. 문어는 정말 영리하거든요.

직접 채취하는 해산물 말고
그 외 바닷가 음식 이야기도 해주세요.

‖ 마늘쫑 멸치조림 ‖

멸치가 한창 맛있을 시기에 마늘 쫑이 딱 나거든요? 어차피 마늘은 들어가야 되잖아요? 그래서 마늘 조금 넣지만 마늘 쫑을 듬뿍 넣어서 멸치조림하면 제일 맛있어요. 철에 맞는 궁합이 있는 거예요. 마늘 쫑 한 가지만 넣어도 맛이 정말 좋은 멸치 쌈을 만들 수가 있어요.

하여튼 눈이 큰 생선들
매운탕이 제일 맛있어요.

볼락은 정말 볼락이라 하면은 뭐가 모자란 게 있을까요? 다 뭐든 좋은 것 같아요. 탕도 좋고 우럭하고, 볼락하고 하여튼 눈이 큰 생선들이 매운탕이 제일 맛있어요. 찜도 좋고, 구이도 좋고, 말려서 쪄가지고 찜으로 먹기도 하는데 제가 볼 때는 회도 맛있지만 구이 했을 때 육질이 제일 좋아요.

‖ 거지탕 ‖

남해는 제사 때 특히나 낭태를 잘 올리드라고요. 서대도 올라가고 돔, 민어도 올라가죠. 제사상에서 내리고 나서 찐 생선 살은 우리가 먹고 인자 대가리나 꼬리 빼 가지고 국을

끓여 먹어요. 버리기 아까워서 먹을라다 보니까 부침개
남은 것도 넣어서 먹으면 훨씬 맛있어요. 전분이 들어가니까
걸쭉해지면서 맛이 있는데 그걸 인자 오래 끓여서 먹으면
굉장히 맛있어요. 생선 뼈랑 머리에서 뽀얀 국물이 나와요.
생선에도 간이 들어가 있잖아요. 그리고 전도 간이 들어가
있고. 그래가 마지막에 마늘 넣고 대파만 넣으면 돼요.
이것저것 차례상에 올린거 가지고 넣어서 우리는 '거지탕'
이라고 해요. 우리 식구들은 차례 지내고 거지탕이 나와야
각자 집으로 갑니다. 거지탕이 나오기 전에는 집으로 안
갑니다. 전부다 나만 쳐다보고 있어요. 거지탕 언제 나오냐고.
하하하.

> 해녀 어머님 영향을 받아서 그런지
> 제주식 남해음식 같아요.

그날 잡은 것 중에 제일 좋은 것은
무조건 애들 먹였어요.

저는 어머니의 발뒤꿈치도 못 따라갈 정도로 정말 잘하셨어요. 우리가 4남매인데 그나마 제일 어머니 흉내를 낼 수 있는 손맛이 저예요. 엄마는 정말 음식을 잘하셨어요. 톳 있잖아요? 일반적으로 톳을 무칠 때는 톳만 가지고 무치는데 제주식은 미역, 콩나물, 톳 세 가지를 함께 무쳐요. 어머니 음식 중에 제일 기억에 남죠. 근데 그걸 어떻게 무쳤는지 지금은 모르겠어요. 어렸을 때 먹었던 음식이거든요. 지금도 가끔 생각나요.

저는 생활이 굉장히 어려웠는데도 그날 잡은 것 중에 제일 큰 거는 애들 먹였어요. 첫째는 건강이 최고고 이것도 내 능력이다 싶은 생각이 들더라고요.

톳

전대영·신영숙 고기가 들어오는 대로 먹어야 하고
안 들어오면 먹지 말아야 하고

전대영 (1952년생),
신영숙 (1957년생)

2020년 9월 22일 오후 2시, 남해군 삼동면 지족마을

남해군 지족마을과 창선도 사이에는 원시어업방식으로 멸치를 잡는 죽방렴竹防簾이 있다. 물살이 센 좁은 해협에 미끼도 없이 스스로 들어온 물고기만 잡는 죽방렴은 제주도 해녀 어업, 전남 보성 뻘배 어업에 이어 국가 중요 어업유산 제3호로 선정되었다. 그곳에서 3대째 죽방렴 어업을 이어오는 전대영, 신영숙 부부는 죽방렴에 들어오는 살아있는 물고기를 바다에서 그대로 떠와서 해 먹는 음식이라 별다른 요리법이 없다면서도 죽방렴과 죽방멸치의 특별함을 전해주었다.

죽방렴에는 멸치만 잡히나요?

주로 멸치가 들어오는데 바다에 나는 고기들은 다 들어와. 없는 게 없어. 갈치, 학꽁치, 꽃게, 가지메기라고 농어 새끼, 고지_{가라지라는 물고기로, 농어목 전갱이과}. 우리 어장에는 전어가 많이 드는데 올해는 전어가 없는가 그렇게 많이 안 들어오더라고.

    멸치 따라서 들어오는 고기가 농어예요. 그 농어 새끼_{가지메기}가 멸치를 엄청 잘 잡아먹는데 가지메기 많이 들 때는 멸치들이 토독토독 튀거든. 멸치 다 잡아먹어 이게. 가지메기 이거는 매운탕이 좋아. 뼈가 세서 포를 떠가지고 살은 회로 먹고 뼈는 매운탕 해 먹으면 으뜸이야. 고지는 이렇게 길게 생긴 고기인데 꽁치 같이 생겼는데 좀 토동통흐고 짧아. 뼈 발라가지고 계란 물에 밀가루 묻혀서 전을 지지 먹으면 엄청 맛있어요.

    갈치는 구워 먹기도 하고, 조림도 해 먹고, 잔잔한 게 들면 회를 해 먹지. 뼈 체 썰어서. 제주는 큰 걸 포를 떠가지고 비늘을 안 치고 썰어주데? 근데 여기는 옛날 사람들은 호박잎으로 민다고 그래. 지금은 수세미로 비늘을 벗겨서 민물에다 깨끗이 씻어 가지고 막걸리나 사이다에 한 번 헹궈. 이렇게 하면 체하거나 배탈 나고 그런 게 없다고 하지. 인제 초장에다가 온갖 양념을 넣어가지고 야채 그른 거 미나리, 오이, 배 넣고 무쳐서 먹으면 진짜 맛있어.

멸치도 철이 있나요?

신영숙 여름에 멸치가 많이 나오고, 또 여름철에 나는 멸치가 맛있어. 근데 인자 또 어떤 사람들은 또 가을 멸치가 좋다 하는데 우리가 해보면 6, 7, 8, 9월까지 멸치가 좋아. 가을에 드는 멸치는 크기가 커도 쪼뼛하게 얇아가지고 살이 없어. 그 멸치가 다시 물 내는 멸치로는 좋아. 인자 그 뒤에 11월, 12월 넘어가면 찬 바람이 불고, 춥고 할 때는 기름 찬 멸치가 들어. 또 크기도 커 그러니까 우리가 다시 내는 멸치하고 아니면 액젓 담는 거 그런 걸 하니까 기름이 차면 맛은 좋은데 이거를 저장을 하면 조금 누린 빛이나 색깔이 좀 변할 수가 있어. 봄에 나는 멸치는 부드럽고 살도 많고 맛있어. 그래서 멸치 쌈밥하고 회로도 해 먹고.

‖ 죽방멸치 쌈밥 ‖

멸치 쌈밥은 머리 따고, 내장 따고 꽁지도 잘라. 그러면 토동통하이 톰박 하잖아. 인자 냄비에다가 멸치하고 냄비 안 탈 정도로만 물 쬐끔만 넣고 거기다가 우리가 담은 멸치액젓으로 간을 맞추지. 그리고 한소끔 끓여. 그다음에 인자 마늘 넣고, 파 넣고, 고추 넣고, 고춧가루 넣고, 양념이 익을 만큼만 한소끔 끓이면 멸치도 익고 양념도 익지. 이제 이걸 상추에다가 싸 먹으면 쌈밥이고 그냥 먹으면 멸치조림이고.

‖ 멸치 회무침 ‖

멸치회는 힘이 들어서 잘 안 해 먹는데 아주 싱싱할 때 하면 뼈에서 살이 안 떨어져. 조금 시간이 흘러야 뼈는 뼈대로, 살은 살대로 나오는데 그렇게 조금 시간을 주고 뼈 다 바른 다음에 배 넣고 마늘 넣고 미나리 넣고 오이 넣고 초장에다 무쳐서 먹지. 조금 큰 멸치는 구워 먹어도 돼요. 손질 흘게 없이 석쇠 펴놓고 소금 흩쳐서 구우면 돼.

남해바다 어디든 죽방렴을 설치할 수 있나요?

전대영 남해에 죽방렴이 24틀이야. 죽방렴은 수심이 얕고 물살이 센 곳에 만들 수 있어요. 우리 강진만 수심이 한 5~6m밖에 안되는 거야. 옛날에 남해 미조에서 지족을 거쳐가지고 삼천포까지 가는 여객선이 있었어요. 제일 물 셀 때가 아홉 물이에요. 그 당시에 그 배가 아홉 물에 못 올라왔었어요. 남해 미조나 송정에 가면 바다가 푸르죠? 그만큼 맑다는 건데 그런 곳에 죽방을 막으면 고기가 안 들어요. 고기 눈이 밝아져서. 여기 지족에 바람이 불면 소용돌이가 일면서 약간의 뻘층이 올라와 고기의 시야가 가려져요. 그렇게 해서 이 좁은 죽방렴 수로로 고기가 들어온단 말입니다.

죽방렴 멸치가 왜 특별한가요?

신영숙 이 지족해협 물이 엄청 쎄. 그러니까 고기들도 활동을 많이 하는 것들이 육질이 단단하고 맛이 좋아. 넓은 바다에 들어가는 거는 퍼석퍼석해요. 또 요 강진만 죽방렴에 들어가는 멸치가 참멸치라는 종자야. 미조나 저쪽에서 잡는 거 보면 멸치가 쪼뼷쪼뼷 하게 생겼어. 죽방에서 잡는 멸치는 납작납작한데 그 멸치는 쪼뼷쪼뼷 이래. 꼬리 쪽 비늘이 하나도 없고, 좀 검은 빛도 나고 그래. 멸치가 모양을 본다고 하면 말이 좀 그렇지만 못생겼어. 근데 여기서 나는 참 멸치는 이쁘게 생기고 맛도 좋고 그렇지. 종자가 달라.

우리는 죽방에서 한 번에 노란 소쿠리에 여섯 개 이상은 안 떠가 와. 딱 쓸 만큼만 떠와. 너무 많이 뜨가 오면 이렇게 죽어. 죽으면 이 멸치가 이쁘게 안 삶아지고 이 배가 탁 터져버려. 살아있는 걸 넣어서 삶아야 돼. 갖고 와갖고 가에서 인자 솥에다가 삶아서 인자 다 삶아졌다 싶으면 어장에 간 사람이 잡아 오고 그럼 또 삶아놓고 나면 또 잡아 오고 하지. 배 타고 나가서 잡는 멸치는 배에서 상자에다가 착착 멸치를 담아가지고 끓는 물에 푹 담가가 건지지. 우리는 솥에다 부어갖고 온도를 맞춰가지고 물이 끓어서 멸치가 완전히 삶아져야 건지거든. 그리해야 멸치가 비린내도 안 나고 이 멸치가 정확하게 삶아지지.

전대영 저 근해망이나 정치망으로 잡는 멸치는 그물에

치여 비늘이 다 벗겨지고 막 엉망이에요. 죽방렴 안에서는 멸치가 살아있어요. 빨리 작업 할 수 있는 양만 가지고 오고 죽방렴이랑 건조장이랑 가까우니깐 살려서 가져옵니다. 그리 가가오면^{가져오면} 숨이 살아있다고요. 우리가 염전에서 좋은 천일염 가져와 간수 빼서 사용해요. 이래서 죽방멸치가 A급으로 알아주지요. 사람들이 멸치 똥을 다 따고 쓰는데 죽방멸치는 안 따고 써도 암시롱도 안 해. 멸치 내장이 사람한테 좋아요.

멸치

죽방렴은 어떻게 설치하나요?

<small>전대영</small> 기록에 보면 한 오백년 전부터 죽방렴을 만들었데요. 옛날 조상들이 이걸 설치할 때는 시행착오가 엄청났겠죠. 바다에서는 참나무가 강해요. 참나무를 바다에 꽂아 기둥을 만들어요. 그리고 대나무 쪼개 갖고 뭉추려 갖고 말라가지고 엮어 발을 만들어 막아요. 죽방이 대 죽竹자에요. 방이 막을 방防 그래서 어장 이름이 죽방이에요. 인자 세상이 바뀌다 보니까 기계화 되다 보니까 인자 저기 쇠를 박는 거예요. 크레인 배가 있어요. 부산에서 끌고 왔어요. 그래갖고 쇠로 갖다가 바다에 박고 하는 거야. 이기 뭐 넘어갈 생각도 없고 그렇게 편할 수 없어. 대나무를 일 년에 한 번씩 한 접 아니면 두 접을 해야 하는 거예요. 한 접이 백 개입니다. 약 한두 접을 해야 하거든요. 그걸 짜개가지고 말라가지고 추리가지고 전부 다 엮어가 막을라 쿠면 보통이 아니거든요. 근데 인자 사람도 없제 그래가 꾀를 내기로 대를 추리갖고 엮은 그 모양을 가지고 김해에 아는 집에 찾아갔어요. 이대로 딱 플라스틱으로 만들 수 있다고 하더라고요. 그래갖고 공장에 가서 딱 그대로 플라스틱으로 갖다가 만들어갖고 엮어가지고 딱 그대로 사용하고 있잖아요. 옛날하고 자제가 조금 달라졌습니다.

옛날에는 이런 플라스틱 광주리가 아니고 대로 엮어가 하는 둥구리가 있었어요. 양쪽에서 둘이서 어깨에 메고

들고 옵니다. 잘못하면 넘어져 삐고 그럽니다. 그 당시에는 가마솥을 썼어요. 가마솥은 잘 끓지도 안하고 삶고 나면 소금 때문에 녹이 슬어요. 요새는 전부 스텐 솥이거든요. 그리고 나무로 불을 땠어요. 그래놓으면 멸치가 배가 나와 버려요. 배가 나와 버리면 상품이 안 나와요. 그 당시에 그런 현상이 굉장히 많지요.

신영수 인자 그러니까 재료가 좋아졌고, 배도 전에는 노 젓는 배였는데 모터배가 되어졌고, 그리고 맬치를 마르는 것도 옛날에는 햇빛 아니면 안 됐는데 요새는 건조기도 있고 그러지요. 우리 작업장은 옛날 사람들 방식대로 만들었는데 인자 멸치 삶았는데 날씨가 안 좋고 그러면 지금은 냉장고에 옇거든? 그런데 옛날에는 냉장고가 없으니 통풍 잘되라고 이렇게 대나무 엮어서 벽을 만들었지.

남해에서 멸치 잡는 방법은 여러 가지가 있겠죠?

> 인간이 고기를 따라다니면서
> 잡아버리기 때문에
> 죽방에 옛날만큼 고기가 안 들어요.

일본말로 오오시때 하는데 정치망*을 오오시때라고 했어요. 인간 못 된 것들이 오오시때로 간다는 말이 있어요. 중노동이에요. 요새는 전부 다 크레인으로 끌어올려가지고 착 이래가지고 하지만 옛날엔 전부 손으로 끌어당기고 그랬어요. 얼마나 힘들었겠어요. 그러니까 옛날엔 "인간 못 된 것들이 오오시때로 일하러 간다" 그런 말이 있었거든요. 지금은 사람이 없다 보니 외국인들 많이 써요. 그리 안 하면 일할 사람이 없어요. 그다음에 낭장만, 근해망, 홀치기 옛날에는 어탐^{어군탐지기}이 없을 때는 전파선 이라고 앞에 배가 하나 나와 가지고 딱 위에서 바다를 봅니다. 바다 위에서 물결이 이상하게 움직이면 "아 저거는 멸치다! 멸치 있다! 그물 쏴라!" 신호를 해줍니다. 요새는 휴대폰이 있지마는 그 당시에는 깃발을 들었어요. 그러모 잘 걸리면 잡는 기고 잘못 걸리면 헛방이고. 요런 시절이었는데 지금은 그리 안 하잖아요. 어탐이 있어서 바다를 내리다 보거든. 멸치는 떼를 모으면 벌거수름한 빛깔이 나와요. 이 정도 떼 같으면 얼마 정도 나온다는 답이 다 나와요. 그러면 "그물 내리라!"

148   어부의 밥상에는 게미가 있다

신호가 와요. 요새 뭐 전부 다 무선 아니면 휴대폰 아입니까. 백발백중으로 걸립니다.

인간이 고기를 따라다니면서 잡아버리기 때문에 옛날만큼 고기가 죽방에 안 들어요.

*정치망: 바닷속 고기떼의 길목에 일정기간 그물을 설치해놓고 어망에 들어온 고기를 잡는 어업방식

죽방렴을 3대째 하는 이유가 뭔가요?

> 그냥 즈그가 들어오는 대로
> 우리는 먹어야 되고
> 안 들어오면 안 먹고.

지금도 조금 힘들 때는 '아이고마, 올해하고 내년엔 안 해야겠다' 이런 생각이 드는데 또 막상 내년에 안 하면 내가 집에 가만히 있으면 사람이 더 죽을 거야. 할 일이 없으면 더 미칠 거 같아. 그러니까 하는 데까지 하고 내가 안 될 때는 안 하고 사람이 갑작스럽게 일을 못 나가면 아마 죽을 거야. 우리 주위에 그런 사람들이 있다 아입니까? 할 일이 없어서 마을 모퉁이 서가 있다가 저 모퉁이 서 있다가 얼마나 갑갑하겠어요.

바다에 나가면 고마 편해. 그 뭐 돈을 벌이고 이런 걸 떠나서 거기 가면은 내 어장에 가면은 한 고기 캐야 되고 작업을 하고, 농사는 내한테는 안 맞더라고. 내가 객지 생활을 잠깐 해봤제. 젊을 때는 객지 나가서 생활을 해야 우찌 출세하는 것 같고, 남해 여기 있으면 모지란 사람이 사는 것 같고 그 당시에는 그렇게 보였어요. 이제 세상이 바뀌고 나이가 들어가니까 '아, 내가 남해를 안 떠난 것이 잘했다'는 생각이 들어요. 바다 일은 또 내 생활 터전이다 보니까.

우리 애도 "이걸 하겠다" 이리 이야기를 해요. 내는 "하지 마라" 내는 여기서 뼈를 묻었기 때문에 이걸 잘 알지만은 이거는 장난삼아 할 수 있는 일도 되지만 경우에 따라서 상당히 중요하다. 그런 애로사항을 직접 몸으로 겪었기 때문에 애들한테 이걸 물려주고 싶지 않아요. "내가 죽거들랑 이걸 팔아라. 아니면 세로 남을 주던지" 이리했어요.

정경희   할머니가 이 바다를
　　　　　　　　좋아하게 만들었어요

정경희 (1949년생)

2020년 10월 7일 16시, 남해군 설천면 문항 어촌체험마을 종합안내소

정경희 님은 40년 교사 생활을 마치고 고향마을로 돌아왔다. 어린 시절 할머니는 "이거는 낙지무덤이다. 이거는 소라 구멍이다. 이거는 비단고둥 무덤이다. 맛조개 구멍이다. 바지락 눈숨구멍이다"라며 어린 손녀를 데리고 갯벌을 누볐다. 그 기억을 더듬어 동네 체험마을 운영을 돕고 있다. 동네 어르신들을 엄마라 부르며 갯벌어업을 배우며 바지락 칼국수, 맛조개 고추장구이, 바지락 동그랑땡, 쏙 간장볶음, 파래무침. 아직도 찔레꽃 향기가 나면 할머니가 해주시던 '찔레꽃 개떡'을 떠올린다는 정경희 어머님의 이야기를 들어보자.

남해로 귀촌을 하셨다고 들었어요.
어떻게 문항마을로 오시게 됐나요?

저는 초등학교 교사로 40년 동안 재직을 했거든요. 원래 남해 문항 사람이에요. 여기 온지는 7년 차. 남편이 남해를 좋아했어요. 그 사람은 오고 싶어 했으니까. 나는 사실은 안 올라 그랬거든요. 교사 퇴직하자마자 사업장을 하나 만들어 버려서 거길 운영해야 하니까 안 올라 했는데 남편이 건강이 안 좋아가지고 "꼭 가야되겠다" 그러는거야. "그러면 먼저 가서 집 짓고 있어 보세요" 했지. 근데 도저히 안되겠는 거라. 그 사람이 건강이 원래 안 좋았거든요. 그래서 내가 사업체를 포기하고 왔지. 근데 오니 그냥 여기가 편하고 좋아요. 치자 꽃향기도 좋고, 이 바다도 좋고, 사람들도 좋고.

저는 저 미조로 발령 나서 미조초등학교 있다가 그 다음에 설천초등학교에 있다가 그러고는 부산으로 갔어요. 남해를, 남해를 되게 좋아해서 미조 쪽 제자들이 미조로 "오라고, 오라고" 해서 가봤는데 내가 낚시 이런 걸 잡기를 좋아해요. 그런데 미조에는 갯벌이 없으니 그 애들이 내를 태워주지 않고 이리하면 내가 바다에 못 나가잖아요. 그런데 문항은 갯벌이 있으니 내 발로 나갈 수 있잖아요. 하하하.

남해는 한 덩어리의 섬이라도 풍경과 풍습이 각각 다르잖아요.
특히 미조와 여기 설천은 남해섬의 끝과 끝이잖아요.
동네 분위기에도 차이가 있나요?

미조는 어업전진기지로 어부들이 많으니까 사는 것도 풍족하고, 농사 이런 거 안지어도 돈이 많아요. 문항 이런 곳은 농사짓지 않으면 못 살았거든요. 그러니까 굉장히 열심히 하고 문항이 전국에서 마을 단위로 박사가 제일 많은 동네라 그러거든요. 이 문항文巷이라는 이름이 '글월 문文 골목 항巷' 이에요. '골목마다 글 읽는 소리가 난다'해서 문항이라는 이름이 지어졌다고 해요. 여기는 지식인들이 많아요. 바다를 끼고 있는 것도 좋지만 이 마을 사람들이 굉장히 협동심이 있어요. 그리고 일을 즐겁게 하고 일을 하는데 대한 보람을 느끼죠. 이제 갯벌 수익에 따른 그런 것들이 있긴 하지만 마을 일로 부르면 웬만하면 나와서 일해주시고 할머니들도 여기 와서 열심히 일해요.

어린 시절 문항 앞바다에 대한 기억이 나세요?

갯벌 조개는 햇빛을 봤다가
물속에 들었다가 삶이 다르잖아요.

여기 그때는 돌밭이 있었어요. 석방렴. 할아버지가 매일 그 '둥저리짚이나 대 또는 싸리로 엮어 만든 광주리' 대로 만든 거 어깨에 매는 거 둥우리라고도 그러죠. 우리는 둥저리라 하는데 아침 눈 뜨면 매일 고기를 둥저리에다가 잡아 오셨어요. 또 어릴 때는 바지락이 굉장히 많았거든요. 여기 바지락이 전국에서 유명해요. 갯벌 조개는 햇빛을 봤다가 물속에 들었다가 삶이 다르잖아요. 물속에 내내 자라는 애들과 모양도 달라요. 물속에서만 자라는 물조개는 조금 크고 조개 색깔도 희미하고 맛도 떨어지고 그래요. 갯벌 조개는 까맣고 좀 작아도 디게 맛있잖아요. 조개중에 으뜸은 바지락이에요. 우럭조개도 좋지만, 바지락을 따라갈 수 없죠. 요 떡조개도 있고, 동죽도 있지만 바지락을 따라갈 수 없어요. 떡조개는 질감이 또 달라요. 뭐라 해야 하나 좀 질겨요. 그리고 떡조개는 몸속에 모래주머니를 안고 있어서 장만하기가 귀찮잖아요. 한 마리 한 마리 삶아가꼬 그 모래주머니를 다 떼내야 되거든요. 바지락은 해감 시키면 끝이잖아요.

바지락은 양은 많은데, 그 어릴 때처럼 굵고 그렇지는 않아요. 갯벌 체험객들이 너무 오니까. 그래도 이 동네 바지락이 좀 알아줄 정도로 맛이 있어요. 내가 처녀때 까지만 해도 이 동네 바지락을 일본에 전량 수출했어요. 체를 쳐가지고 상품성 있는 것만 전량 수출 했는데, 언제 부턴지 수출을 안 했거든요. 안하고 인자 그 이후로 갯벌 체험장을 운영하게 됐어요.

‖ 바지락 손칼국수 ‖

바지락 해감 잘 시켜서 통째로 삶아 먹는게 제일 맛있고요. 단백질 많고 숙취에도 최고고. 바지락 해감은 바닷물 정도의 농도가 돼야 하는데 바닷물 떠서 3-4시간 그냥 밤새 놔둬도 괜찮아요. 우리 어릴 때는 바닷물 떠와서 바로 해감 했어요. 우리 여 바다 가까우니까 그래가지고 큰 가마솥에 조개 넣고 푹 삶아요. 그다음 껍질 다 걷어내고, 알맹이를 다시 조개 삶은 물에 씻어가지고 그러면 조개 물 가라앉히면 모래가 밑에 가라앉죠? 그 위 국물 가꼬 바지락 알맹이하고 손칼국수를 만들어 먹었어요. 남해는 그때 감자나 이런 건 별로 없었거든요. 호박이 많이 나니까 조금씩 고명처럼 애호박을 넣어가지고 먹었어요. 그리고 옛날엔 맛조개가 많았어요.

‖ 맛조개 고추장 구이 ‖

끝이 화살촉처럼 생긴 꼬챙이를 쭉 넣어가지고 맛조개를
뽑아 올렸거든요. 이만큼 길어요. 맛조개가 굉장히 많았어요.
그 얇고 모양이 약간 타원형으로 생겼거든요? 그 맛조개
자기 껍질로 쫘악 까면 잘 까져요. 그 안에 맛이 쏘옥 들어가
있어서 쏘옥 까지죠. 그래가 그걸 깨끗이 씻어가지고
그걸로도 칼국수를 해 먹었어요. 또 그거를 꼬챙이에다가
꼽아요. 꽂아서 초롬초롬 매달아가지고 삐득하게 말려서
옛날에 불 땔 때는 숯불에다가 고추장 무쳐서 살짝 구우면
도시락 반찬에 최고였어요. 어릴 때 보면 우리 어머니가
설렁설렁 양파하고 같이 맛을 이리 득잖아요^{볶잖아요}. 맛은 야채
넣고 약간 볶아도 맛있고요. 매이 익으면 맛없거든요.

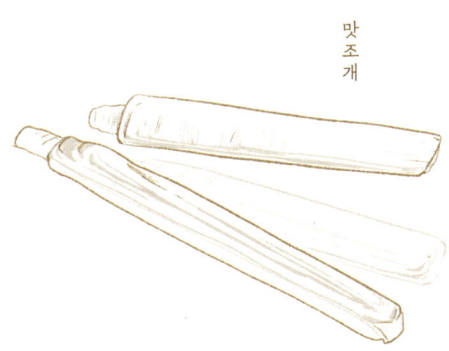

맛
조
개

바다 환경을 우리 같은 어른들이
이렇게 만들어 놓은 거예요.

근데 요즘은 그 맛이 다 죽었어요. 왜냐면 맛소금 때문에. 맛소금을 넣으면 맛이 탁 올라오잖아요. 맛소금이 맛조개를 거의 전멸시켜놨어요. 지금 간혹 한 마리씩 있어요. 지금 맛조개는 거의 없어요. 정말 옛날에는 많았거든요. 맛은 종패씨를 받기 위하여 기르는 조개가 안 돼요. 자기들이 자연적으로 인자 생산돼야 되는데 지금 맛조개는 거의 없어요. 바다 환경을 우리 같은 어른들이 이렇게 만들어 놓은 거예요.

조개는 언제가 가장 맛있나요?

4월에서 5월이 맛있죠. 문항 앞바다에는 조개가 굉장히 많아요. 바지락, 떡조개, 우럭조개, 동죽, 개조개, 홍합, 맛조개 이렇게. 우럭 조개는 뭐 미역국이나 두부국이나 뭐 하여튼 모든 국에는 우럭 조개가 최고죠. 그 아는 까서 손질을 해야 돼요. 머리 있는 대를 반으로 잘라서 머리를 살 벗기면 껍질이 나와서 앞쪽까지 다 벗겨져요. 그래가 삶아서 그거는 껍질째 삶으면 못 먹어요. 장만을 해서 요리를 해야 해요.

이 마을 윤복아 어머님은 바지락은
나물 무칠 때 양념이기도 하고
그 자체가 요리이기도 하다 그러시더라고요.

‖ 바지락 동그랑땡 ‖

바지락은 국이 맛있고 바지락은 또 전 부쳐야죠. 까서 다져서 고추 넣고, 부추하고 전 부치면 맛있고. 동그랑땡 만들 때도 다져서 쓸 수 있고 그다음 우리 마을에서 개발한 건데 이거는 김밥 만들 때 넣어도 맛있어요. 바지락을 달콤하게 졸여가꼬 김밥 속을 넣을 때 넣어요.

문항 앞 바다 갯벌에 쏙이 엄청 많다고 들었어요.

나는 인터뷰하러 온다고 해서 쏙 잡으러 오는 줄 알고 네시 반에 오라 했거든요. 바닷물 빠지면 쏙 잡으러 나갈라고. 봄부터 지금까지 겨울에는 아무리 꼬아도 안 올라오죠. 낚시에요 낚시. 땅속 깊이 있어서 파기도 힘들어요. 쏙은 해적생물이거든요. 바지락 이런 애들이 산란을 하면은 물에 떠다니잖아요. 그럼 쏙들이 그 위에서 다 잡아먹는데요. 쏙을 많이 잡아내야 되는데 쏙은 굉장히 많아요. 많이 퍼져요. 감성돔이 쏙을 좋아한대요. 감성돔 낚을 철이 되면 미끼로 쓸 자잘한 쏙을 사러 사람들이 굉장히 많이 와요.

쏙은 잡는 것도 재밌고, 완전 저는 힐링하고 있어요. 아무하고도 얘기 안 하고 쏙하고만 얘기하면서. 하하하. 제가 여기 와서 쏙 잡은게 인자 3년 차거든요? 아주 재밌어요. 잘 잡는 사람은 하루에 200마리 정도 잡고 못 잡는 사람은 10마리도 못 잡는 거죠. 잡기가 어려워요. 한번 오세요. 제가 지도를 해드릴게요. 하하하.

쏙

‖ 쏙 간장볶음 ‖

쏙은 다른 갑각류하고 다르게 몸 전체를 먹을 수 있거든요.

쏙은 먼저 모래가 들어있을까 봐서 앞에 있는 배 날개를 떼어야 해요. 날개를 떼고 난 뒤에 꽁다리를 떼면 내장이 나와요. 내장 빼고 나서는 깨끗이 씻어요. 깨끗이 씻으면 몸 전체를 먹어요. 쏙은 다른 갑각류하고 다르게 몸 전체를 먹을 수 있거든요. 그래서 쏙이 인기가 많은 거예요. 먹어본 사람은 반드시 찾아요.

그 옛날에 엄마들이 해줄 때는 집 간장에다가 볶아요. 집 간장에다가 볶아가꼬 다른 거 넣지 말고 땡초나 하나 썰어 옇고 없으면 안 넣어도 돼요. 숟가락가꼬 돌려가면서 볶으면은 달걀처럼 하얀 물이 나와요. 우리는 그기 나올 때까지 볶아요. 그럼 쏙이 원래는 나무색이었는데 그때가 되면 빨갛게 변하거든요? 그러면서 꼭꼭 눌러가면서 볶아요. 그다음에는 물을 조금 넣죠. 짭잘하고 개운하고 그 국물이 정말 맛있어요. 여름에 입맛 없을 때 먹으면 밥도둑이에요. 국물을 떠먹었을 때 국물이 짭짤해야 맛있어요. 그걸 이제 냉장고에 식혀서 여름에 먹으면 정말 맛있어요. 개운하죠 맛이.

쏙은 얼려놨다가 갈아서 김장할 때 새우 대신에 넣어요. 옛날엔 절구통에 찧었겠죠? 지금은 믹서기에 가득 갈아가지고 새우처럼 써요. 김치가 시원하죠.

<u>남해 할머니들이 하는 말이 겨울에는
해초가 제철이라고 하던데
문항바다에도 해초가 많이 있나요?</u>

‖ 파래무침 ‖

겨울에 굴 딸 때 파래가 나요. 파랜데 그 뭐라하노 매생이?
매생이보다는 약간 굵고, 그 하동 그 요짝에 나는 그
신갱이_{파래의 일종}라 하지? 그것보다는 약간 가는 그 중간쯤
되는 파래가 이 앞바다에서만 나요. 딱 여기서만 나는데
정말 맛있어요. 그러니 그기 12월 말에서 1월 한 한 달
반 정도밖에 안나요. 그 파래를 씻어서 젓국에다가 무쳐
먹거든요. 다른 거 하나도 안 넣고 젓국만 넣어요.
그래가 무쳐 먹고 그걸 젓국에 무친 그대로 딱 한 끼 반찬
낼만큼씩 해가꼬 냉동실에 얼려 놨다가 여름에 먹으면
기가 차더라고. 여름에 먹으면 그게 약간 삭아 가지고,
삭았다는 건 부드러워졌단 말이겠죠? 그래가꼬 굉장히
맛있어요.

파래

남해 사람들은 겨울 되면 물메기탕을 꼭 먹던데
어머님은 어떻게 끓여드세요?

‖ 물메기탕 ‖

네. 그 물메기는 물을 많이 부으면 안 돼요. 물메기는
무도 깍둑썰기로 하면 안돼요. 삐져야 돼요. 삐져서 무를
넣고, 그 다음에 물을 넣고 이제 끓이는데 물은 쪼끔만
넣어야 돼요. 그다음에 물메기 자체에서 물이 나오거든요.
그래야 맛이 있어요. 그다음에 긴파 썰이옇고 마늘 넣고
이리하면 정말 맛있어요. 우리 집에 한 번 오세요.
내가 그걸 끓여줘 볼게. 난 대구보다도 물메기가 훨씬
맛있던데? 우리 친구들은 너무 좋아하는데 그걸 먹으러
오는데 부산에서.

남해는 제사 지내고 꼭 해먹는 탕이 있다고 들었어요.

그거는 고기 대가리, 꼬리, 잘 안 먹어지는 걸 넣어가꼬 쌀뜨물 붓고 고추하나 썰이 옇고 끓이면 디게 맛있죠. 남은 거 안 버릴라고 그걸 다 넣어서 끓이제. 머리만 삶아서 그런지 그 육수가 대단히 구수하다니까요? 전도 많이 넣으면 걸쭉해지니까 조금만 넣고. 그 전 안에도 바지락 들었제. 홍합도 들었제. 다 들어 있잖아요. 새우도 들어있고 오징어도 다져 넣잖아요. 제사 끝나고 나면 아무도 그걸 안 버리고 다 먹어요. 집집마다 다 먹을걸? 고기 대가리 절대 안 버릴걸? 나도 이번에 다 삶아 먹었는데 그 쌀뜨물을 부어야 맛있어요.

**어머님은 어린 시절 부산으로 가셨는데
갯벌어업 하는 방법을 누구한테 배우셨나요?**

옛날에 어릴 때 내가 쪼깬할 때
할머니가 이 바다를 좋아하게 만들었어요.

집에 발이 있었으니까 석방렴. 밤엔 할아버지가 고기를 잡아오시고 할머니가 내를 데리고 바다에 내려가요. 내려가서 "이거는 낙지 무덤이다. 이거는 소라 구멍이다. 이거는 비단고둥 무덤이다. 맛조개 구멍이다. 바지락 눈^{바지락 숨구멍}이다" 이걸 다 가르쳐 줬어요. 그게 한 4~5학년 때쯤 됐을 거예요. 할머니가 내 손을 잡고 맛조개 잡는 그걸 '맛대'라 하거든요. 맛대를 잡고 땅을 파지 않아도 눈을 보고 쑤시면 맛이 올라오고 이런 걸 가르쳐 줬거든요. 그래가 못 올리면은 "더 힘껏 내려가 머리가 부딪혀서 쑥 들어간 느낌들 때 들어 올려라." 설명해 줬거든요. 할머니가 시골의 아름다운 경치들을 내한테 직접 몸소 보여주시면서 가르쳐준 것 같아요. 조개 파는 거 고동 잡는 거 쏙 잡는 거.

**그러면 할머니가 해주시던 음식 중에
기억나는 것이 있을까요?**

‖ 찔레꽃 개떡 ‖

나는 요새 지나가다 찔레꽃 냄새나면 할머니 생각이 나요. 옛날에는 솔직히 남해에는 개떡 먹기도 힘들었거든요. 밀가루에다가 쌀도 좀 섞고 보릿가루도 섞고 해서 개떡을 만들잖아요. 그 밥 위에다 천 깔고 개떡 쪄가꼬 먹는데, 할머니가 찔레꽃이 필 때 따다가 그 위에다 뿌렸어요. 그래가꼬 찔레꽃 개떡을 쪄줬는데 가마솥 뚜껑을 탁 열었을 때 찔레꽃 향기가 너무 좋아가꼬, 내는 부뚜막에 딱 앉아있었어. 가마솥 뚜껑 열 때 개떡, 그 향기 평생을 잊을 수 없다니까.

찔레꽃

어머님에게 문항 앞바다는 '할머니의 바다'네요.

바다가 있는데 바다를 잘 보호해야 하는데, 요새는 진짜 큰일이다. 바다 이 물이 담수화가 너무 많이 되고, 그런 피해들이 이번에 우리도 남강물 섬진강물이 오면서 조개 굉장히 많이 폐사했거든요. 너무 안타까울 정도로 폐사했어요. 수온이 높아져서 그리고 우리 저 바다에 새조개 많이 하거든요. 새조개도 많이 나오고 꼬막도 많이 나오고 그렇거든요. 그런데 작년에는 거의 못했어요. 우리가 하나도 못했어. 재작년에는 많이 했거든요. 수온 때문에 그런 현상이 생긴다데요? 그 뜻하지 않는 이런 것들이 자라서 피해를 준다 그러데. 미조에 내 제자가 배를 하고 고기 잡으러 다니는데 너무 없데요. 값어치도 없고, 없다 하드라고. 제주도에 아열대 물고기들이 나온다고 하잖아요. 우리 고기는 없고 큰일이에요. 해녀들이 전복이 없다 그러잖아요.

    나는 이 설천초등학교가 첫 발령이거든요. 미조에 한 일 년 가까이 있었고 여기가 정식발령으로 있었거든요. 그때 제자들이 육십 한두 살 되거든요. 지금 같이 놀잖아. 하하하. 우리 집에 밥 먹으러 오세요. 쏙도 볶아주고 조개탕도 끓여 드릴게요.

허영숙

맨도롱 또똣할 때
혼적 들이쌉써

허영숙 (1953년생)

2020년 8월 13일 15시, 남해군 남해읍 복이네 전복죽

허영숙 님은 제주에서 초등학교 때부터 물질을 시작하여 스무 살에 남해 미조로 왔다. "물이 얕고 물건이 많다"는 말을 듣고 건너와 버스 운전하는 박광욱 님을 만나 결혼해 정착했다. 그 당시 남해에서 잘 해 먹지 않았던 전복죽을 끓여 동료들에게 방법을 공유하고 해녀 식당을 여는 후배들 주방을 봐주며 전복죽과 어울리는 물김치, 깍두기, 해초 무침 요리법을 공유했다. 최근 갑상선 수술 후 해녀 일을 그만두고 퇴임한 남편과 함께 남해읍에 자연산 전복죽 집을 오픈하여 운영하고 있다.

언제 제주에서 남해로 오셨나요?

그 당시에 제주는 해녀들이 많아서 물건이 많이 없었어.
제주는 전복이 굵기는 굵은데 많이 못 잡아. 10kg쓱 20kg쓱
많이 못 잡아. 남해는 우리 왔을 때는 뭐 5kg, 10kg 한번에
잡았지. 제주는 전복 두 마리만 봐도 최고 재수 좋은 날이었어.
제주는 소라나 잡을까 그 외에는 없어. 해삼도 빨간 해삼만
있지 검은 해삼이 없거든. 남해로 처음 왔을 때는 빨간
멍게가 꽃동산이야. 물밑에서 이리 보면 바로 장미꽃이야.
근데 점점 가두리 같은 거 하면서부터 차츰차츰 바다가
오염이 되드라고. 그래가 인자 남해도 물건이 없어.
인자 더 없지 갈수록 더 없지. 지금은 그냥 노느니 그마^{그냥}
가서 반찬값이나 벌어가 오는 기지. 전에는 참 돈벌이가
좋았지.

니 육지 돈 벌러 가도 되겠다.

내가 초등학교 1학년 때부터 가에서 뜯고 이리 흐다가 조금
더 커져가지고 좀 깊게 나가고 하니까 누가 인자 "니 육지
돈 벌러 가도 되겠다" 그러더라고. 엄마도 해녀였어. 근데
애기 놓다가 돌아가셨지. 동생들은 많고 어려우니까 열일곱
살에 돈 벌러 나왔어. 거제 장승포로 먼저 갔지. 장승포에
2년 있다가 제주에 추석 쇠로 들어가니까 우리 새엄마랑

아는 언니가 남해가 바다도 얕고 물건도 많으니 남해 가자 하드라고. 그래서 20살에 남해로 왔지. 그때가 72년도인데 다리가 없었어. 제주에서 배 타고 부산 와가지고 부산서 남해로 버스 타고 와가지고 노량에서 배 타고 건너왔지. 남해 와서 미조도 가고 상주도 가고 평산, 홍현, 유구마을도 갔고. 인자 자기 가고 싶은 대로 다 갔지. 옛날에는 어촌계도 없고, 고마 아무 대라도 들어가면 할 수 있었거든. 해녀 자격증만 있으면 할 수 있었는데 인자 어촌계가 생기삐고 바다도 사고팔고 하니깐 그렇지 그때는 해녀들도 참 많았어.

소라

해녀 일은 언제까지 할 수 있나요?

그게 이상하드라고 물이 물을 가려.

깊은데 들어갈 수 있는 해녀가 있고, 얕은데 들어갈 수 있는 해녀가 있어. 상군, 중군, 똥군 있고 그래. 좀 잘하는 사람은 물 깊이 들어가 상군. 우리는 중간밖에 안 돼서 중군. 그 중간 뒤에 가에만 하는 사람이 있어. 깊은데 못 나가는 사람은 똥군. 자꾸 나이가 들수록 작업이 안 되지. 숨도 가쁘고 인자 물 깊이 들어가도 못하고 그래서 상군이 똥군 되기도 하지.

  배 타고 나갈 때는 똑같아요. 작업해가 나올 때는 전부 차이가 나요. 그게 자기 기술이 있어. 동작도 빨라야 되고. 물 밑에 들어가면 다른 사람은 보여도 내는 안 보이는 것도 있고. 그게 이상하드라고 물이 물을 가려. 물을 가리면 분명히 여기 전복이 있는데 내는 못 봤는데 다른 사람이 거기 가면 봐. 지금도 잘하는 사람은 50-60대인데도 잘해. 근데 절마시때_{젊을 때} 들어갔던 그 자리는 못 들어가. 조금 안으로 땡겨 나와야 돼.

겨울에도 물에 들어가세요?

눈이 와도 가는데? 매일 나가지 날만 좋으면 매일 나가지. 인자 물에서는 활동을 하니까 추버도^{추워도} 견딜 만한데 배로 올라오면 춥지. 손톱이 다 빠지는 것 같고. 허기지니깐 떡 같은 거 집에서 가지고 가. 가지고 가면 서로 묵을라 캐 하하하. 파도가 얄구지면 10일도 놀고 일주일도 놀고 막이리 놀아. 가에 파도만 안 치면 1년 열두 달 다 해 계속해. 오히려 겨울에 돈벌이가 좋아. 해삼 나올 때가. 보통은 물때 맞춰서 12일 작업하고 3일 쉬어. 구정 쇠고 10일 쉬고, 추석 쇠고 한 달 쉬고, 추석 쇠고 한 달 쉬는 그 중간에는 물건이 없거든. 아무것도 머이 없거든.

계절별로 작업하는 해산물이 다른가요?

우리 해녀들은 주로 해삼, 멍게, 전복, 소라, 성게 이렇게 잡지. 멍게는 빨간 멍게도 따고 돌 멍게도 따는데 여름 한철. 성게는 5월에 한두 달 딱 나오거든. 옛날에는 일본 수출도 했어. 우리가 상자에다 꽃 모양으로 두 줄로 딱 만들어가지고 보냈지. 그리고 일본으로 껍데기를 또 말려가지고 보내면 그 껍데기 안에다가 성게를 넣고 식당에서 내놓는다고 하더라고.

소라는 계절 안 타. 전복도 계절 안 타고. 인자 좀 많이 나올 때도 있고 작게 나올 때도 있고, 그건 계절 안 타고 꾸준하게 나와. 겨울에 한 11월 말쯤 돼가면 그때부터 해삼이 나오기 시작해. 겨울이 한철이라 해삼은 설 지나고 한 3월 달까지는 괜차네. 4월 달부터 해삼이 맛이 살짝 떨어지지.
우리 해녀들은 안 잡는 게 없어 문어도 잡고, 도다리도 잡고, 게도 잡고. 옛날에 털게는 한 바케쓰양동이 잡아다가 오면 이리저리 다 갈라줬고, 그리고 간장 게 있잖아요? 가을 되면 간장 게 여물거든 그것도 막 많이 잡아 오고. 문어도 많이 나오고 안 나오고 거기서 차이가 나지 계절은 안 타. 맛있기는 가을에 맛있지.

겨울에가 진짜 맛있지. 여름엔 맛없어.
질겨. 여름에는 해삼 질겨서 못 먹어.
겨울에는 억수로 부드라바.

해삼은 생 걸로도 썰어 묵고, 데쳐서 무쳐 묵기도 하고
물회도 해 먹지. 겨울에가 진짜 맛있지. 여름엔 맛없어. 질겨.
여름에는 해삼 질겨서 못 먹어. 겨울에는 억수로 부드라바.

‖ 해삼물회 ‖

해삼 물회는 식초, 설탕, 물로 국물을 만들고 해삼은 둘이
물라면 큰 거는 한 마리만 해도 썰이 놓으면 많아. 거기에
미나리, 깻잎, 오이, 배, 당근 그냥 체 썰어가지고 넣고 인자
모양 낼라 하면 인자 딸기그튼 거 우에 얹히고. 조금 싱거우면
소금 넣고 고추장은 안 들어가. 이거는 오이냉국 식으로 해서
먹지. 미조에서 해녀들 집에 잔치하고 그러면 내가 물뚱이로
두 덩어리씩 만들고 그랬어. 술 먹고 나면 해독제로 최고야.
저녁에 뭐 해삼 물회하고 술 마시면 뒷날 속도 안 아프고 술도
안 취해.

남해로 처음 왔을 때 빨간 멍게가 꽃동산이라고 하셨는데 멍게로는 어떤 음식들을 해먹나요?

‖ 멍게조림 ‖

멍게? 멍게 조림으로 할 수 있지. 멍게를 한번 싹 데쳐갖고 파프리카나 풋 고치 빨간 고치. 그거 인자 씨 빼 뿌고 그걸 썰어가지고 소금하고 참기름, 물엿 조금 옇고 쫄여. 그러면 색깔도 이뻐. 미더덕으로 된장찌개 하면 미더덕 냄새가 향긋이 나잖아? 그거 맨키로 멍게 된장찌개도 해 묵으면 향긋한 맛이 나.

남해에 문어가 제주보다 많은 편인가요?

문어는 제주보다 남해에 많이 많지. 문어는 호박국도 끓여 먹고, 문어 회무침도 해 먹고, 장 우리 먹는 식으로 문어 숙회도 해 먹고 그래. 문어도 죽 쑤어먹을 수 있어. 문어는 매이 씻거야지 버금거품이 억수로 나와. 매이 빨면은 빡빡 씻으면 만지면 뽀득뽀득해 그래야만 냄새가 안 나고 쫄깃쫄깃한 맛이 있어. 그래 가지고 인자 잘라가지고 쌀하고 참기름하고 볶아. 장 이 전복 볶듯이 볶아갖고 물로 부아가 끼리면 돼. 근데 죽이 색깔이 빨개. 문어 물이 빠지니까.

문어 삶는 법이 다양하던데요?

우리도 처음에 이거 문어 삶을 때게 누가 뭐 설탕도 넣으라 해갖고 삶아봤고, 미원 넣으라쿤께 느끼해서 못 먹겠고, 또 밀가루 넣고 삶은께 허옇게 밀가루가 붙어가지고 그하고. 내가 식초를 한 번 넣어볼까 싶어서 식초 넣으니까 문어가 색깔도 좋고 부드럽고 껍데기가 안 벗겨지더라고. 삶아서 얼음물에 담구는 사람도 있는데 그러면 껍데기가 벗겨져 뿌. 껍데기가 벗겨지면 온대 손이고 뭐이고 미끌미끌 해갖고 별로라. 물이 팔팔 끓을 때 식초를 넣어. 식초 넣고 문어 넣는 거야. 자꾸 디비면은 껍데기가 벗겨져. 끓어오르면 딱 한 번 디비는 거라. 디비가 가만히 나놔. 한 15-20분 이따가 몸체 쪽에 젓가락을 찔러 보는 거야. 젓가락 집어넣어서 쏙 들어가면 다 삶아진 거라. 그때 빨리 건져야 돼. 짧은 시간에 센 불로 삶아야 돼. 우리 미조 해녀들은 식초 넣고 삶아 먹지.

멍게

해녀일은 언제 그만두고 전복죽집을 시작하신 건가요?

‖ 전복죽 ‖

전복을 쌀하고 쭈물쭈물 손으로 하면 내장이
터지거든? 그럴 때 물 조금 넣고
참기름 넣고 볶다가 물 붓고 끼리면 돼.

나도 작업 안 한지가 한 10년 조금 못 됐다. 몸만 안 아프면 80살까지 했을 거야. 갑상선 수술을 했는데 거꿀로 이리 들어가는 게 안 좋다 카드라고. 그래서 안 했지. 제주에서는 전복죽을 쑤어 먹는데 여기 오니깐 안 먹더라고. 그래서 한 번 끼리가 작업하는 사람들이랑 묵은께 장사해도 되겠다 하드라고. 그래서 미조 매르치^{멸치} 축제할 때 내가 맡아서 끓였지. 전복죽은 찹쌀하고 일반 쌀하고 반반 섞어서 씻가 한 12시간 담가놔야 돼. 저녁에 해 먹을라면 아침에나 쌀을 담가놔야 돼. 이제 전복을 쌀하고 쭈물쭈물 손으로 하면 내장이 터지거든? 그럴 때 물 조금 넣고 참기름 넣고 볶다가 물 붓고 끼리면 돼. 소금간은 다 되어 갈 때 쌀알을 무보고 안 딱딱하고 좀 몰랑해졌잖아요? 퍼졌잖아요? 그때 자기 취향 따라서 소금 간을 하는 기라. 인자 내가 짭게 무면 짭게 넣고 싱겁게 무면 싱겁게 하고. 이렇게 한 20분 끓이면 돼. 전복죽에는 물김치가 좋그든 깍두기하고 물김치가 최고야. 그리해서 무면 돼.

자연산 전복하고 양식 전복하고 맛이 어떻게 다른가요?

다시마하고 미역만 묵는 거하고 전복이 바다 물밑에서 기 댕기면서 해초도 뜯어 먹고 오만 거 다 뜯어 묵거든. 그런 걸 뜯어 묵기 때문에 자연산 전복이 조금 딱딱한 맛이 있고, 이리 먹어보면 죽을 끼리가 먹어보면 좀 딱딱한 맛이 있어. 양식은 먹어보면 물렁한 맛이 있어. 거기서도 차이가 나. 근께 인자 이 전복죽을 많이 드신 분들은 먹어보면 아 이 집은 자연산 맞다. 전복 먹어보니까 자연산 맞다 딱 이리하거든. 모르는 사람은 양식인지 자연산인지 그냥 모르는데 인자 먹어보는 사람들은 알아. 자연산은 모래가 있기 때문에 만들어야ᐟ손질해야 돼. 전복 중간을 딱 칼로 쨰면 여기에 모래가 있어요. 여기 모래만 제거하면 돼요. 근데 양식은 제거할 필요가 없어요. 모래를 안 먹기 때문에.

전복은 미로 치거든? 1kg에 몇 마리가 들어가냐가 미야. 예를 들어 1kg에 10마리 같으면 10미. 15미 카면 15마리가 돼야 1kg. 그런데 30미가 1kg 되는 것도 있어. 전복죽은 보통 한 15미정도가 죽 끓이기 용으로 적합하지.

전복

해녀 작업하면서 위험한 일도 많으셨겠어요.

> 돌에 찡깃는거라 그래갖고
> 우찌우찌 비비갖고 나왔는데 옷도 다 째지고
> 하늘이 안 보이는 거야.

파도가 팍 칠 때에 돌에 찡기면 못 나와. 그럴 때 인자 좀 위험하지. 그리고 자망^{그물} 쳐놓잖아. 어두울 때 그게 수경에 걸렸다 하면은 못 나와. 물밑에 들어가 전복 잡다가 자꾸 들어가. 자꾸 따라 들어가다 보니까 돌에 찡깃는거라 그래갖고 우찌우찌 비비갖고 나왔는데 옷도 다 째지고 하늘이 안 보이는 거야. 그래가 옆에서 "와 그러네? 와 그러네! 오데 아프나?" 그래가 인자 돌에 찡겨가 옷도 째 먹었다고 말하고 숨을 내리 쉬고 있다가 다시 시작하고 그러지. 그다음에는 고깃배. 잠수하러 들어갔다가 하는 일 끝나면 올라와야 한다 아입니까? 그럴 때 배가 오는 거야. 그 지나갈 때까지 탁 참고 있었다니까. 푹 올라왔다 하면은 스크류^{모터} 프로펠러에 걸리 삐는 거라.

미조 간첩 사건 1979년 7월 21일 남해군 미조면 간첩선 침투사건 그때 난리가 났제. 미조도 앞에서 작업을 하고 있었거든 근데 간첩배가 들어온 거야. 우리 경비선이 간첩 배 잡는다고 총을 쏘면서 오는 기라. 근데 해녀들은 조업을 하고 있었으니깐 간첩 들어왔다는 소문을 못 들었지. 그 미조도에 굴이 있었거든. 그 굴속에 피해 들어갔는데 뭐 시키먼 잠수복 입고 있으면서 물에 막 퐁당거리니까 그따대고 우리가 간첩인 줄 알고 경비선이 막 총을 쐈는 기라. 선주가 해녀를 실으러 왔지. 해녀를 싣고 배에 있는 태극기를 들었기라. 드니까 우리 군인들이 총을 안 쏘는 거야. 이제 빨리 들어가라고 막 빨리 들어가라고 그래서 인자 들어왔지. 들어와서 도망가다 본께 아 배에 애를 놔두고 온 거야. 해녀 엄마만 살기라꼬 도망가다가 다시 돌아가서 애 데리고 오고 그랬거든. 진짜 마 그때는 다 죽었다 생각했지.

어머님은 음식을 만들 때
무엇을 중요하게 생각하세요?

인자 첫째는 간이 젤 중요하지. 김치를 담아도 간이 중요하고 인자 이런 반찬을 만들어도 간이 중요하고 싱거븐거는 고칠 수가 있는데 짭은 거는 몬 고치잖아요? 또 고쳐도 그만치 맛이 안 나와. 우리 제주 고향 언니가 미조에서 멸치를 햇빛에서 안 담고 창고 안에서 담아놨다가 3년 되면 젓갈로 빼고 빼고 하거든? 그러면 그 언니가 몇 병씩 줘. 우리는 김치 담아도 젓갈 냄새가 안나.

제주로 돌아가고 싶지는 않으셨어요?

뭐 살다 본께 여기가 정이 들어 놓은께
고향 같지 뭐 하하.

제주는 집안에 형제간들 일이나 있으면 갈까 잘 안 가지거든. 가고 싶지만은 뭐 한번 가면 돈이 많이 든께 경비가 많이 드니까.

맨도롱 또뜻할 때 혼적 들이쌉써.

제주말로 메밀국시 따뜻할 때 먹으라 이 말이라. 제주는 집집마다 똥돼지를 키웠는데 엄마가 그 돼지고기 넣고 쪽파 썰어 넣고 메밀 국시 해줬지. 톳 그튼거 무칠 때도 제주식으로 무치지. 인자 남해는 된장 넣고 무치더라고? 된장 넣으면 좀 지저분해. 우리는 된장 안 넣고 멸치육수 조금 끼리 가지고 식초하고 쪽파 그튼거 넣고 안 그러면 색깔 나게 당근, 오이 이런걸 해갖고 무치지. 그러면 국물도 조금 맛있어. 미조 가면 다 우리 고향 사람들이야. 미조 가면은 또 우리끼리 제주말 해. 우리 제주 사람들 모임이 있거든. 안 가면 벌금 내니까 꼭 가지. 하하하.

나가는 말

남해는 섬이라 어족자원이 풍부하고 남쪽의 따뜻한 땅이라 논과 밭에서는 사계절 농산물이 나옵니다. "남해는 재료는 싱싱하고 좋은데 음식은 단순하고 맛이 없어"라는 여행객들의 평가에 '남해 가정집에서 해먹는 음식은 다양하고 맛이 있다'라는 가정을 세우고 그것을 증명하기 위해 '어부'라는 생산자를 만나 인터뷰를 진행했습니다.

어획 방식별로 나누어 어부 아홉 분을 만나 자신들이 어획한 해산물로 집에서 해먹는 음식과 그 조리법을 들었습니다. 각각 두 시간 남짓 진행한 인터뷰에서 마흔 아홉 가지 음식이 나왔습니다.

'남해 가정집에서 해먹는 음식은 다양하고 맛이 있다'는 가정은 어느 정도 증명되었고 계속 발굴해 갈 일이 남았습니다. 인터뷰 요청을 하였을 때 집에서 해 먹는 음식이라 특별할 것이 없다며 손사래를 치던 어부들의 음식에는 몇 가지 공통점이 있었습니다.

제철에 나는 논밭의 작물과 제철 바다의 해산물을 함께 요리해 먹습니다. 봄 멸치가 올라오는 계절에 산에서는 취나물과 고사리, 두릅이 나옵니다. 밀가루로 산나물과 멸치를 털털털 버무려 멸치찜을 해먹습니다. 남해의 4월 들판에는 마늘종이 올라옵니다.

그러면 마늘종을 넣어서 멸치조림을 해먹습니다. 조선호박이
열리는 초여름에는 바다에 문어와 갈치가 오는데 문어 호박국,
갈치 호박국을 끓여 먹습니다.

우럭조개가 맛있어지는 겨울, 들판에 시금치도 서리를 맞으며 맛이
듭니다. 그러면 우럭조개를 볶아 막판에 시금치를 넣어 숨만 죽여
내는 우럭시금치전골을 해먹습니다. 당연히 겨울에는 무가 단맛이
들기에 물메기탕에 무를 넣어 끓이고 무나물은 굴과 함께 무쳐
먹습니다. 인터뷰 초반에는 "제철음식"에 대해 질문을 했었는데
어느 순간 그 질문이 우문愚問이라는 것을 깨달았습니다. 어부들은
제철이 아닌 재료로는 음식을 해먹지 않습니다.

싱싱한 해산물을 생으로 조리하는 것뿐만 아니라 해산물마다
건조방식을 달리하여 재료의 맛을 끌어올려 음식을 해먹습니다.
"물만 뺀다 하루 건조 - 꾸덕하게 말린다 반건조 - 매이 말린다 완전건조"와
같은 표현을 하는데 물메기를 예로 들면 물메기회는 생으로 먹는
것보다 하루 물만 빼서 썰어서 먹는 것이 식감이 좋고, 물메기 찜은
꾸덕하게 말려 된장을 발라 쪄먹습니다. 음식의 간을 최우선으로
제철에 나는 재료로 요리를 하는데 그 간을 맞추는 데 쓰는 양념이
3년 이상 삭힌 남해 멸치액젓이었습니다.

과거에는 흔했던 보리새우, 맛조개, 코고동, 털게가 지금은 거의
나지 않거나 줄었습니다. 남해바다가 심각하게 메말라 가고 있다는

것은 어부들의 공통적인 고민이었습니다.

책의 화자인 박윤자, 김순덕, 윤복아, 조순임, 주현주, 전대영, 신영숙, 정경희, 허영숙님은 낯선 우리들을 집으로 초대해 오랜 기억을 끄집어내 이야기를 들려주고 따뜻한 밥도 내어 주었습니다. 고맙습니다. 이들을 섭외하고 인터뷰를 진행할 수 있도록 도움을 준 김재경, 박재영, 박종건, 빈상민님 고맙습니다.

이 책에 등장하는 분들은 모두 60대 이상의 어르신들입니다. 60대 이하 어부와 어부의 부인들도 인터뷰를 진행했으나 요즘 우리가 먹는 음식과 크게 다르지 않았습니다. 지역과 도시 간의 문화 단절뿐만 아니라 지역 내 세대간 향토문화의 단절도 있다는 것을 알게 됐습니다.

이 책은 잊혀져가는 남해의 향토음식을 발굴하여 이어내려는 노력의 일환입니다. 남해에서 식음 서비스업을 하고자 하는 분들이 지역의 식재료와 향토음식에 관한 정보를 얻어 메뉴로 개발하여 여행객과 주민 모두 향토음식을 곁에 두고 향유하길 기대합니다.

어부의 밥상에는 게미가 있다
어부들이 들려주는 남해 집밥 이야기

초판 1쇄 인쇄·발행　2020년 12월 31일

글·인터뷰	최승용·한다정
화자	김순덕, 박윤자, 신영숙, 윤복아, 전대영,
	정경희, 주현주, 조순임, 허영숙
사진	서성경, 양희수
도움주신 분들	김재경, 박재영, 박종건, 빈상민
펴낸이	최승용
디자인·삽화	토스티드페이지 송민선
종이·인쇄	알래스카인디고
펴낸 곳	3people(쓰리피플)
출판등록	2017년 1월 9일 제2017-000001호
주소	경남 남해군 삼동면 봉화로 538, 2층
전화	055. 867. 1965
전자우편	seungyong@heterotopia.co.kr
ISBN	979-11-90001-04-5(03380)

ⓒ 최승용 한다정, 2020

이 책은 (재)경남문화예술진흥원의 2020년 경남 출판활성화 지원사업으로 제작되었습니다.
아울러 저작권법에 따라 보호받는 저작물이므로 무단 전재와 무단 복제를 금하며 이 책 내용의
전부 또는 일부를 이용하려면 반드시 저작권자와 3people의 서면 동의를 받아야 합니다.

잘못 만들어진 책은 구입처에서 교환해 드립니다.